Melanie Wolfers

Die Kraft des Vergebens

Das Buch

»Die tiefsten Wunden unseres Lebens sind Beziehungswunden. Wenn diese nicht heilen, dann drohen verletzte Gefühle und Erinnerungen unseren Lebenshorizont zu verdunkeln, und das mögliche Glück des Augenblicks geht ungesehen vorüber. Wie bewältige ich das Geschehene so, dass es mein Leben nicht auf Dauer blockiert und einengt?

Wer vergibt, lässt Schritt für Schritt das Erlittene los und befreit sich von dem, was ihm angetan wurde. Ich bin davon überzeugt: Unser Lebensglück hängt entscheidend davon ab, ob wir vergeben können!«

Melanie Wolfers erschließt die Kunst des Vergebens – nicht als moralische (Über-)Forderung, sondern als einen Weg, die Schatten der Vergangenheit hinter uns zu lassen und von Neuem nach vorn zu leben.

Die Autorin

Die promovierte Theologin Melanie Wolfers war in der Hochschulseelsorge in München tätig, bevor sie 2004 in die Ordensgemeinschaft der Salvatorianerinnen eingetreten ist. Melanie Wolfers lebt in Wien, ist Autorin erfolgreicher Bücher und vielgefragte Referentin. Sie leitet IM*puls*LEBEN, eine offene Bildungsarbeit für junge Menschen.

Im Internet: www.melaniewolfers.de;
at.facebook.com/MelanieWolfersAutorin

Melanie Wolfers

Die Kraft des Vergebens

Wie wir Kränkungen überwinden
und neu lebendig werden

FREIBURG · BASEL · WIEN

HERDER spektrum Band 6823

Neuausgabe 2017

© Verlag Herder GmbH, Freiburg im Breisgau 2013
Alle Rechte vorbehalten
www.herder.de

Umschlaggestaltung: Guter Punkt, Müchen I www.guter-punkt.de
Umschlagmotiv: © Getty Images – Magda Indigo

Satz: Stefan Weigand, wunderlichundweigand.de
Herstellung: GGP Media GmbH, Pößneck

Printed in Germany

ISBN 978-3-451-06823-2

Inhalt

8. Sich für die Zukunft entscheiden *161*

9. Liebe erlöst *179*

Ein Puzzle aus sieben Milliarden Teilen! Jedes Puzzleteil ist einzigartig und einmalig – und will seinen Platz haben in dem einen großen Bild. Doch es gibt ein Problem: Die Puzzleteile passen nicht ganz zueinander. Wie man sie auch drehen und wenden mag: Immer steht eine Ecke über oder die Ausbuchtung ist zu klein und fügt sich nicht nahtlos an die anderen Teile.

Jeder Mensch ist ein Puzzleteil der Menschheit mit seiner ganz eigenen Form und Prägung, mit Ecken und Kanten. Aber niemand passt wirklich ganz in das Ganze. Und auch wenn wir versuchen, uns anzupassen, gelingt es nicht. Immer gibt es Überstehendes oder Fehlendes. Es verletzt, wenn uns jemand sagt oder spüren lässt: »Du passt nicht hierher! Du gehörst nicht zu uns!« Auf der Suche nach unserem Platz werden wir verletzt – und wir verletzen andere.

Man kann von Glück reden, wenn Familie und Umwelt weitgehend stimmen oder wenn man Beziehungen und Beruf findet, die einem entsprechen. Wunderbar und nicht aus eigener Kraft herzustellen ist die Erfahrung, dass sich zwei Teile an einer Stelle zusammenfügen, als wären sie von jeher füreinander bestimmt: eine Freundschaft, eine Ehe, ein traumhafter Job. Doch dann passen oft andere Seiten wieder nicht: die Familie der Freundin, der Chef der Firma, die Nachbarn. Dazu kommt, dass die Zeit das große Puzzle des Lebens ständig umbaut und oft sogar durcheinanderwirft. Was heute noch passend war, kann morgen unstimmig werden und manchmal völlig zerbrechen. Das große Puzzlespiel des Lebens bleibt ein Fragment mit leeren und losen Stellen.

Einladung

Die tiefsten Wunden unseres Lebens sind Beziehungswunden. Wenn diese nicht heilen, dann drohen verletzte Gefühle und Erinnerungen unseren Lebenshorizont zu verdunkeln. Die Schatten der Vergangenheit trüben den Blick für die Gegenwart, und das mögliche Glück des Augenblicks geht ungesehen vorüber. Stück für Stück verlieren wir innere Leichtigkeit, Lebensfreude und Liebesfähigkeit.

Vielleicht leiden auch Sie unter einer schweren Kränkung und wollen die Last von Ihrer Seele abwerfen. Und Sie fragen sich: Wie geht das? Wie bewältige ich das Geschehene so, dass es mein Leben nicht auf Dauer blockiert und einengt? Wie finde ich den inneren Frieden und gewinne neuen Mut, mich offen einem Menschen anzuvertrauen?

Dazu kann vieles verhelfen. Eine heilende Weise, den Verwundungen des Lebens zu begegnen, ist die Vergebung. Wer verzeiht, lässt – Schritt für Schritt – das Erlittene los und befreit sich so von dem, was ihm angetan wurde. Wer vergibt, verwandelt Wunden in neue Lebensmöglichkeiten. Ich bin davon überzeugt: Unser Lebensglück hängt entscheidend davon ab, ob wir vergeben können! Doch während es unvermeidlich zu unserem Alltag gehört, dass wir verletzen und verletzt werden, ist der chancenreiche Weg der inneren Aussöhnung keineswegs selbstverständlich.

Mit dem vorliegenden Buch möchte ich Ihnen eine Orientierung auf dem Weg des Vergebens bieten. Es zeigt Schritte, wie der Schmerz auch Ihrer Verletzung langsam abklingen kann und wie Sie zu einer tieferen Annahme des Lebens finden. Die zusammenfassenden Fragen zur Selbstreflexion, auf die Sie im Textverlauf zuweilen treffen, geben Ihnen die Möglichkeit, sich das Gelesene für Ihre Situation persönlich zu erschließen.

Das Buch gliedert sich in mehrere Abschnitte: Zunächst entfalte ich, was eine Kränkung ist und welche verheerenden Folgen es hat, wenn wir unversöhnlich an dieser festhalten (Kapitel 1). Da wir Menschen nichts ohne Grund tun, kommen verschiedene Aspekte zur Sprache, warum wir trotz der negativen Auswirkungen häufig dennoch so nachtragend sind (Kapitel 2). Im Anschluss daran lege ich dar, warum es gut und sinnvoll ist, sich auf den Weg der Vergebung zu machen und welche Rahmenbedingungen für diesen Prozess hilfreich sind (Kapitel 3). Im weiteren Buchverlauf steht dann der Prozess des Vergebens selbst im Mittelpunkt: Eine Kränkung löst seelische Schmerzen und verschiedene »negative« Gefühle aus. Dass wir diese innere Not häufig nicht wahrhaben, sondern lieber ausblenden wollen, ist verständlich. Doch wie eine körperliche Wunde Luft braucht, um heilen zu können, so muss auch der Schmerz ans Licht kommen dürfen (Kapitel 4). Wut, Scham, Angst und das Gefühl von Ohnmacht sind zentrale Kränkungsgefühle, die zugelassen und durchlebt werden müssen, damit sie sich verwandeln können (Kapitel 5). Zugleich ist es wichtig, die erlittene Verletzung gedanklich zu verarbeiten (Kapitel 6). Beginnen wir, über deren mögliche positive Auswirkungen für das eigene Leben nachzusinnen, dann verändert sich die Perspektive: Der Blick richtet sich nicht mehr auf die rückwärts orientierte Warum-Frage, sondern auf die Wozu-Frage, der es um die Zukunft geht (Kapitel 7). Doch all diese Schritte auf dem Weg der Vergebung führen nicht automatisch zum Vergeben. Ob wir die kränkende Geschichte »gut sein« lassen und so eine neue, nicht mehr von der Vergangenheit diktierte Zukunft eröffnen, bleibt eine Sache unseres Entscheidens. Zugleich wird die Fähigkeit, aus tiefem Herzen ehrlich vergeben zu können, immer auch als ein Geschenk erlebt, etwas, das wir eines Tages – hoffentlich – in uns selbst vorfinden (Kapitel 8).

Psychologische Studien zeigen, dass die meisten Menschen im Lauf des Vergebungsprozesses eine spirituelle Perspektive einnehmen, die je nach persönlichem Hintergrund unterschiedlich gefärbt ist.[1] In diesem Buch biete ich Ihnen an, menschliche Grunderfahrungen, die auf dem Weg der inneren Aussöhnung gemacht werden, im Licht des christlichen Glaubens zu deuten. Dunkles wird dadurch weder sofort hell, noch wird das erlittene Erlebnis unmittelbar zum Besseren gewendet. Ein solches Versprechen würde den Glauben zu einem Instrument für schnelle Problemlösungen verzerren. Doch wenn wir die anderen Menschen und uns selbst als Teil einer größeren göttlichen Wirklichkeit sehen und achten lernen, dann kann uns dies darin bestärken, uns – allen Widrigkeiten zum Trotz – dem Leben und der Liebe anzuvertrauen. In meiner Ordensgemeinschaft der »Salvatorianerinnen« steht der »salvator«, also Jesus Christus als Heiland, als Arzt und Therapeut im Mittelpunkt der Spiritualität. In der tastenden Erfahrung, grenzenlos geliebt zu sein, kann unser durch die Kränkung verletztes Selbstwertgefühl genesen – und dies ist die Basis, um ehrlichen Herzens vergeben zu können (Kapitel 9).

Ich hoffe, dass ich Ihnen mit diesem Buch Orientierung geben kann auf dem Weg des Heilerwerdens, der mit innerer Wandlung zu tun hat und zu neuem Leben führt.

1

Leben
verletzt

Ich werde das Bild nicht mehr los. Wir saßen einander stumm gegenüber und schauten uns fassungslos an. Ich wusste nicht mehr, was ich sagen sollte. Ich konnte immer noch nicht begreifen, wie es mein Kollege vermocht hatte, mich derart zu hintergehen und mir in den Rücken zu fallen. Und dabei hatte ich so viel Vertrauen in ihn gesetzt. Mehr vielleicht, als angemessen war. Aber ich hatte mich in meiner Verantwortung und meinen Entscheidungen oft einsam gefühlt. Daher hatte ich mir jemanden gewünscht, der mich und meine Aufgabe mitträgt. Jemanden, der mich versteht und bei dem ich auch meine Enttäuschungen abladen konnte.

Vielleicht hatte ich meinen Kollegen durch das zu große Vertrauen, das ich in ihn gesetzt hatte, auch überfordert. Ich hatte mehr von ihm erwartet als nur kollegiale Verlässlichkeit. Ich hatte freundschaftliche Nähe und Verbundenheit gesucht. Und das Interesse an einer solchen hatte er signalisiert! Doch nun das böse Erwachen, dass er über mich geredet hat. Er hat sich vor anderen mit Informationen wichtig gemacht, die ich ihm höchst vertraulich mitgeteilt hatte. Heute Morgen habe ich es durch einen dummen Zufall erfahren und ihn sofort zu mir gebeten, um ihn damit zu konfrontieren.

Nun saßen wir da, Aug' in Auge. Ich atmete laut durch und schüttelte den Kopf. Voll Unverständnis. Und tief verletzt. Ich konnte nichts mehr sagen. Nach einer langen Zeit der Stille stand ich auf und öffnete die Tür. Als mein Kollege draußen war, brach der Schmerz über mich herein. Ich fing an zu weinen, ballte die Fäuste, stampfte auf den Boden. »Das darf nicht wahr sein!«, sagte ich immer wieder. Widersprüchliche Gefühle rissen mich hin und her. »Dem werde ich es zeigen!«, stieß ich mit hartem Gesicht hervor. Zugleich gab es den Wunsch, dass es doch wie-

der wie vorher sein sollte, als ich meinte, eine Vertrauensperson gefunden zu haben. Ich fühlte mich, als ob jemand mit Stiefeln durch meinen inneren Garten getrampelt wäre und dabei die zarten Pflanzen rücksichtslos niedergetreten hätte.

Es gibt kein Leben ohne Kränkungen

Wir kommen nicht unverletzt durchs Leben. Ob mit Absicht oder aus Versehen, ob bewusst oder unbewusst: Immer wieder kränken wir andere Menschen und werden gekränkt. Manche dieser Wunden gehen tief und wollen einfach nicht heilen. Ruhelos kreisen unsere Gedanken um die andere Person und ihr verletzendes Verhalten. In uns schreit es empört auf: »Wie konntest du mir das antun?!« Wir werden mit dem, was passiert ist, nicht fertig, sondern wie bei einem Endlosband spielen wir das einschneidende Geschehen wieder und immer wieder durch. Die schmerzhafte Kränkung wirbelt unser Inneres durcheinander. Widerstreitende Gefühle zerren an uns und werfen uns aus der Bahn: Wut und Zorn flammen auf, vielleicht gepaart mit Rachefantasien, in denen wir uns genüsslich ausmalen, wie wir dem anderen seinen Fehler heimzahlen. In einer Mischung aus Zorn und Angst würden wir ihn am liebsten auf den Mond schießen. Fühlen wir uns so gedemütigt und erniedrigt, dann wünschen wir uns vor lauter Scham ganz weit weg oder würden uns gern in Luft auflösen. Besonders unerträglich wird es, wenn uns das beklemmende Gefühl von Ohnmacht beschleicht. Denn dann überschwemmen uns Angst und Selbstzweifel und wir fühlen uns wie gelähmt. Derart tief verletzt ziehen sich manche von uns verängstigt oder schmollend zurück, andere gehen zum Angriff über.

Das Beunruhigende ist: Es scheint keinen Lebensbereich zu geben, in dem wir nicht durch andere verletzt werden können oder selbst andere verletzen. Folgende Beispiele zeigen in erschreckender Weise, wie verwundbar wir in den verschiedenen Zusammenhängen unseres Alltags sind.

Immer wieder kommt es im *Berufsleben* zu Kränkungen: Illoyalität, Mobbing, Gerede, fehlende Informationen, unfaire Kritik, Sexismus, ungerechter Lohn, Benachteiligung und Kündigung sind Beispiele für schmerzhafte Erfahrungen, um welche wohl keiner im Lauf seiner Arbeitsbiografie herumkommt. Dabei können andere uns nicht nur durch ihr aktives Verhalten verletzen, sondern auch dadurch, dass sie uns etwas vorenthalten, beispielsweise indem sie Hilfe verweigern oder es an Wertschätzung fehlen lassen. Dies ist etwa der Fall, wenn in einem Betrieb oder in der eigenen Familie das Lob gar nicht vorgesehen ist – gemäß dem schwäbischen Sprichwort »Ned g'schempfd isch gnug g'lobd« (»Nicht geschimpft ist genug gelobt«). Oder wenn uns durch falsche Rücksichtnahme ein kritisches Echo vorenthalten wird, das uns hätte aufrütteln können. So etwas ist umso enttäuschender, wenn es in einer *Freundschafts-* oder *Liebesbeziehung* passiert. Die Wunde geht tief, wenn wir erfahren müssen: Mein Partner oder meine Freundin plaudern Anvertrautes weiter, missbrauchen mein Vertrauen, demütigen oder hintergehen mich. Eine mir nahestehende Person verweigert mir ihre Unterstützung oder wird gewalttätig gegen mich; sie verlässt mich oder reicht die Scheidung ein; sie erwidert meine Liebe nicht …

Leben verletzt

In unserer *Kindheit* waren wir möglichen Kränkungen und Attacken besonders schutzlos ausgeliefert. Wir alle kommen mit der Sehnsucht auf die Welt, dass wir die Liebe eines anderen spüren und erfahren, erwünscht zu sein. Wir brauchen Eltern oder nahe wichtige Bezugspersonen, die uns Geborgenheit und Urvertrauen schenken; die uns den Rücken stärken und ermutigen, das Leben zu wagen. Wenn wir als Kind aber permanent beschimpft oder entwertet, zurückgesetzt oder vernachlässigt wurden, oder wenn wir uns unerwünscht fühlten, so ist das Weiche und Sensible in uns schwer verwundet worden. Und wer Gewalt oder Missbrauch ausgesetzt war, wurde bis ins Mark verletzt.

Doch nicht nur Menschen, sondern auch *Strukturen* können uns tief verletzen. Viele leiden unter systemischer Ungerechtigkeit: Benachteiligung aufgrund von Geschlecht oder Hautfarbe, das oft ausbeuterische Diktat von Gewinnmaximierung, ungerechte Entlohnung oder Entscheidungsstrukturen, die Partizipation ausschließen, all das sind Beispiele dafür, wie tagtäglich strukturelle Ohnmacht erzeugt wird. Und all dies kann chronisch krank machen!

Wenn wir Kränkungen nicht einfach verdrängen, sondern aufmerksam betrachten, werden wir vermutlich schnell eine *unterschiedliche Verletzbarkeit* feststellen. Manchmal kann der finstere Blick eines anderen unsere heitere Stimmung in keiner Weise trüben, ein andermal verdirbt er uns den ganzen Tag. Woran liegt es, dass wir in manchen Situationen verwundbarer sind als in anderen? Wann treffen uns Kränkungen besonders heftig?

Verletzungen können uns tiefer verwunden, wenn sie

schwerwiegend sind. Oder wenn wir uns zu dem Zeitpunkt eher instabil fühlen und somit leichter aus der Bahn geworfen werden. Sie treffen uns auch umso mehr, je weniger wir uns in anderen Beziehungen aufgehoben und angenommen erfahren. Darüber hinaus empfinden wir eine Kränkung als besonders gravierend, wenn wir die andere Person und ihre Motive als böswillig erleben: Eine Nachbarin, die absichtlich Gerüchte über mich in die Welt setzt, um meinen Ruf zu schädigen, kränkt mich mehr als jemand, der aus einem Missverständnis heraus eine falsche Anschuldigung verbreitet.

Am meisten verletzbar sind wir in Beziehungen, die für uns bedeutsam und emotional wichtig sind: als Kinder in der Beziehung zu unseren Eltern oder anderen wichtigen Bezugspersonen; als Jugendliche und Erwachsene in Freundschaften, Liebesbeziehungen und Partnerschaften. Während der grantige Tonfall eines Wiener Kellners an mir abgleitet, kann der boshafte Stich eines geliebten Menschen ins Mark treffen. Denn je größer meine Zuneigung ist, desto näher lasse ich mein Gegenüber an mich heran. Nie bin ich verletzlicher als in Beziehungen, in denen ich mich aus Liebe einem anderen öffne und anvertraue. Ich lege Panzer und Schutzschild ab und daher schneidet eine Zurückweisung von Freundschaft und Liebe tief ins Fleisch. Je enger die Beziehung, umso schmerzlicher und heftiger trifft mich ein Missverständnis, eine gefühlte Distanz und Fremdheit, eine verweigerte Nähe oder gar eine Gemeinheit. Bei einem Verrat entsteht sogar der Eindruck, dass der Dolch der Verletzung von hinten kommt: Ein Mensch, von dem ich glaubte, dass er hinter mir steht, fällt mir von dort aus in den Rücken!

Schließlich kann uns das Verhalten einer anderen Person über die Maßen treffen, wenn es eine alte Narbe berührt. Wir alle haben aufgrund unserer Lebensgeschichte wunde Punkte, an denen wir verletzt wurden und nun besonders verwundbar sind. Wir kennen sensible Stellen von empfindsamer Dünnhäutigkeit. Ein Beispiel: Angenommen, Sie wurden in Ihrer Kindheit immer wieder mit Liebesentzug bestraft. An Ihrem Geburtstag warten Sie vergeblich auf den Glückwunsch Ihrer Kollegen und am Abend vergisst dann auch noch ein Freund Ihre Essenseinladung. Mit einem Schlag werden Ihre (vor allem emotionalen) Erinnerungen an die früheren Kränkungen wieder wach. Sie fühlen sich äußerst verunsichert oder haben den Eindruck, nichts wert und keinem Menschen wichtig zu sein – Selbstzweifel, die Sie schon längst überwunden glaubten. Vielleicht wundern Sie sich über die Heftigkeit Ihrer Reaktion. Diese wird verständlicher, wenn Sie mit der Zeit entdecken: »Weil ich an einem wunden Punkt getroffen worden bin, konnte die Sache mich derart tief verletzen.«

Das verwundete Selbstwertgefühl

Kränkungen, die aus böser Absicht geschehen, sind deshalb so schmerzhaft, weil sie unser Selbstwertgefühl in besonderer Weise verletzen. Wenn wir ein Verhalten als böswillig empfinden, dann vermittelt es den Eindruck: »Du bist es nicht wert, dass ich dir mit Achtung begegne und fair zu dir bin.« Dadurch wird das Sensibelste in uns angegriffen: das Selbstwertgefühl. Unser Selbstwertgefühl ist – wenn auch unterschiedlich stark – auf

Bestätigung von außen angewiesen. Denn wir wollen um unserer selbst willen akzeptiert und geachtet werden und für andere eine Bedeutung haben. Wir wollen uns als wertvoll und liebenswürdig erfahren. Wir wollen zu uns selbst, zu unseren Gaben und Grenzen Ja sagen und uns achten können. Der Kern einer Kränkung liegt darin, dass sie unser Selbstwertgefühl angreift und schwächt. Wer sich als gesamte Person in Frage gestellt oder abgelehnt sieht, fühlt sich gekränkt. Darauf weist bereits die Etymologie des Wortes hin: »Krenken« bedeutet im Mittelhochdeutschen »schwächen, erniedrigen, schädigen, mindern, zunichtemachen«. Und das mittelhochdeutsche »kranc« meint »schwach, schmal, gering, gebeugt«. Ein Verhalten wird als kränkend erlebt, wenn wir uns dadurch abgewertet und in unserem Selbstwertgefühl bedroht fühlen. Es werden Selbstzweifel und Selbstunsicherheit mobilisiert und die oft unbewussten Gefühle von Unzulänglichkeit und Minderwertigkeit genährt.

Die Angst, nichts wert zu sein, scheint wie ein Wasserzeichen das menschliche Leben zu prägen – und zwar von Geburt an. Wir Menschen kommen mit einer Verwundung auf die Welt. Die große Narbe in der Mitte unseres Körpers drückt bildhaft die zentrale Wunde unseres Daseins aus: Der Nabel ist das Merkmal jener einschneidenden Erfahrung, dass die ursprüngliche Lebensverbindung mit der Mutter durchtrennt worden ist. Vor der Geburt war der Embryo in der Fruchtblase rundum aufgehoben und genährt. Durch die Geburt wird er aus der »paradiesischen« Verbundenheit vertrieben. Plötzlich ist er allein. Die Nähe eines sorgenden anderen ist nicht mehr selbstverständlich gegeben. Das Kind fühlt sich verlassen und hat Angst. Es schreit nach Nahrung und Nähe, nach Zuneigung und Zärtlichkeit, nach Geborgenheit und Liebe. Es scheint jedoch, dass alle geschenkte Fürsorge und Zuwendung die übergroße Leere nie ganz ausfüllen können, die durch die Abtrennung vom Ursprung entstanden ist. Zeit unseres Lebens sehnen wir Menschen uns nach der Liebe eines anderen, die uns zu erfahren gibt, dass wir liebenswürdig und wertvoll sind; die uns glaubhaft zusagt, dass wir ohne Einschränkungen und Vorbedingungen erwünscht und bejaht sind. Auf diesen Zuspruch sind wir existenziell angewiesen.

Wir sind unterschiedlich verletzbar

Wodurch Menschen sich kränken lassen, ist individuell sehr verschieden. Was einen anderen nicht im Geringsten berührt, kann für mich selbst eine massive Grenzverletzung bedeuten – und umgekehrt. Das verdankt sich dem unterschiedlichen zugrunde liegenden Selbstbild. Denn ob wir etwas persönlich nehmen, hängt davon ab, wie wir uns selbst verstehen und worauf wir unsere Identität aufbauen. Im Selbstbild fließt zusammen, was wir für unsere Selbsterhaltung und Selbstentfaltung als wesentlich ansehen. In einem Bild ausgedrückt: Viele Tiere haben einen Lebensraum, den sie gegen das Eindringen von Artgenossen schützen. Hartnäckig verteidigen sie ihr Revier, das ihnen Ressourcen zum Leben und Fortpflanzen bietet. Beim Menschen gibt es so etwas wie ein »innerpsychisches Revier«. Dieser seelische Innenraum umfasst alles, was wir als konstitutiv für die eigene Identität erachten. Daher wird er um des eigenen Selbstwertgefühls willen verteidigt. Jede Handlung, die den inneren Lebensraum verletzt, wird als kränkende Grenzüberschreitung erfahren.

Wenn ich mich beispielsweise aufgrund meines Aussehens und Charmes für unwiderstehlich halte, dann fühle ich mich bereits gekränkt, wenn mir keine Aufmerksamkeit entgegengebracht wird. Oder: Ich habe das innere Bild von mir, leistungsstark und erfolgreich zu sein. Dann wird ein negatives Arbeitszeugnis oder eine ausbleibende Beförderung für mich zur persönlichen Katastrophe. Ich fühle mich in meiner Identität angegriffen und in meiner Würde herabgesetzt. Die Kränkung wird mich umso überraschender und heftiger erwischen, je weniger ich mir bewusst bin, dass Leistung und Anerkennung zentrale Bausteine meines Selbstwertgefühls darstellen.

Es hängt also auch von uns selbst – von unserem leitenden Selbstbild – ab, ob wir uns durch ein Verhalten verletzt fühlen oder nicht. Umgekehrt wird offensichtlich, dass wir selbst mit beeinflussen können, ob und wie stark uns etwas kränkt.

Tagebucheintrag (Fortsetzung)

Heute Nacht hatte ich einen schrecklichen Traum: Ich bin mit der Straßenbahn unterwegs. Hinter mir befindet sich auch mein Kollege in der Tram. Er lacht und scherzt mit ein paar Freunden. Plötzlich bemerke ich, dass ich ganz allein in der Straßenbahn bin. Wann waren die anderen ausgestiegen? In diesem Augenblick kommt ein Kontrolleur und will meine Fahrkarte sehen. Ich merke, dass ich eine falsche Fahrkarte gelöst habe. Ich habe eine viel zu teure Fahrkarte gekauft, die aber in dieser Bahn gar nicht gültig ist. Ich öffne meinen Geldbeutel und bezahle den Preis eines gültigen Fahrscheins. Der Kontrolleur erklärt mir, dass das Ticket, das ich gekauft habe, nur in ganz seltenen Fällen gebraucht wird.

Mit diesem Traum bin ich sehr früh aufgewacht und spürte ein Unwohlsein in der Magengegend. Mir wird klar, was der Traum bedeuten könnte: Ich habe viel in eine Beziehung investiert in der Hoffnung, eine vertrauensvolle Freundschaft zu finden. Doch eine solche gibt es nur in seltenen Fällen. Jedenfalls ist mein Kollege aus der Beziehung ausgestiegen und hat sich bei anderen wichtig gemacht. Und ich zahle den Preis.

Wie sollen wir mit zwischenmenschlichen Kränkungen umgehen? Es gibt so etwas wie eine alltägliche Versöhnungskultur, die uns hilft, mit den kleineren Verletzungen des täglichen Lebens umzugehen. Dazu gehört, etwas nicht so wichtig zu nehmen. Oder damit zu rechnen, dass andere – wie wir selbst – einen schlechten Tag haben oder gedankenlos handeln können; dass wir alle Fehler machen und der Nachsicht bedürfen. Dazu gehört auch, den Ärger nicht zu kultivieren, sondern zu versuchen, eine erlittene Kränkung angemessen einzuschätzen. Denn oft zeigt sich mit etwas Abstand, dass eine Sache gar nicht so schlimm ist, wie sie sich im ersten Augenblick angefühlt hat. Ohne die wichtige Kunst der alltäglichen Versöhnung wäre ein Miteinander in der Familie, unter Freunden, im Kreis der Kollegen und Kolleginnen oder in Vereinen kaum möglich. Wer eine gute Beziehungs- und auch Streitkultur pflegt, dem fällt es leichter, erlittene Kränkungen wieder »gut sein« zu lassen.

Doch das Leben fügt uns auch Verletzungen zu, für deren Heilung die alltägliche Versöhnungskultur nicht ausreicht. Die Wunde sitzt zu tief. Eine schwere Kränkung lässt sich nicht auf die leichte Schulter nehmen. Sie wird vielmehr zu einer drückenden Last. Auch können wir sie nicht einfach wegstecken – wohin denn auch? Manche wollen die Last loswerden, indem sie ein Wurfgeschoss daraus schmieden und rächend zurückschlagen. Doch mit einem aggressiven Gegenschlag lösen wir weder den Konflikt noch heilen wir die eigenen Wunden. Andere ziehen sich deprimiert zurück und fressen alles in sich hinein. Was aber zu schnell heruntergeschluckt wird, erzeugt Bauchschmerzen und stößt immer wieder sauer auf.

Werden wir mit einer Enttäuschung oder Verletzung auf Dauer nicht fertig, dann droht die Gefahr der Verbitterung. Das Leidvolle verfolgt uns und wird zu einer Quelle von Bitterkeit. Und wo immer diese hinfließt, wird das Leben vergällt und nichts kann mehr blühen. Unsere Seelenlandschaft verarmt und wir verlieren zunehmend innere Leichtigkeit und Lebensfreude.

Was es kostet, nicht zu vergeben

Tagebucheintrag

*W*er nachträgt, trägt schwer« lautet ein Kurs, an dem ich teilnehme. Wie sehr dieser Titel trifft, habe ich heute erfahren: Im Rahmen einer Gruppenübung schlüpfte ich in die Rolle einer Gekränkten; Richard spielte die Person, die mich verletzt hatte, und die übrigen bildeten eine lose Gruppe, die mit uns in Kontakt stand. Als erstes wurde ich aufgefordert, an jemanden zu denken, auf den ich wütend bin. Sofort stand mir Sabina und ihr unmögliches Verhalten vor Augen. Als nächstes sollte ich aus einem Steinhaufen einen Brocken auswählen, der meinen Groll symbolisiert. Ich hob einen schweren, scharfkantigen Bruchstein auf. Die einzige Regieanweisung für das nun beginnende Rollenspiel lautete, dass ich körperlich das tun soll, was im Wort »nachtragen« ausgedrückt ist: der Person, die mich gekränkt hat, ihr Verhalten nachtragen, indem ich ihr auf dem Fuß folgend den Stein hinterhertrage.

Anfangs war es amüsant, Richard hinterherzugehen, doch schon bald machte sich das Gewicht des Steines bemerkbar. Während Richard unbeschwert seiner Wege ging, wog der Stein in meinen Händen immer schwerer und seine scharfen Kanten schnitten mir in die Finger. Als Richard dann noch entspannt mit den anderen zu plaudern begann, hätte ich ihm am liebsten den Stein auf die Füße geschmissen. Mir kam Sabina in den Sinn und schlagartig ging mir auf: Nicht Sabina, sondern ich trage schwer daran, dass ich ihr das unfaire Verhalten nachtrage. Meine schwelende Wut und meine vorwurfsvollen Gedanken, die ich mit mir herumtrage, belasten vor allem mich selbst und kosten mich viel Kraft – und nicht Sabina!

Wenn doch endlich dieses Spiel aufhören würde! Doch obwohl es offensichtlich für mich beschwerlich war, brach die Kursleiterin das Spiel nicht ab. Richard ging mal hier und mal dort hin, unterhielt sich, griff zum Handy oder schaute in den blühenden Garten hinaus und ich folgte ihm in kurzem Abstand. Wie fremdbestimmt bin ich! Solange ich jemandem – sei es Richard, Sabina oder irgendjemand anderem – etwas nachtrage, laufe ich dieser Person wie ein Hund hinterher. Meine Wut ist wie eine Fessel, die mich an sie kettet. Und weil ich alle Hände voll zu tun habe mit der Last meiner Gefühle und Gedanken, bekomme ich alles andere nur am Rande mit und bin kaum ansprechbar. Könnte ich doch endlich aufhören nachzutragen!

Fesseln der Vergangenheit

»Das verzeih ich dir nie!« Dieser Satz hat Konsequenzen – vor allem für einen selbst. Denn wer anderen nicht vergeben kann oder will, hält die Gedanken an das, was ihm angetan wurde, wach. So erlebt er die schmerzhafte Vergangenheit ständig neu.

Wenn uns jemand tief gekränkt hat, geraten wir häufig in die Falle eines Kreislaufs, der uns immer wieder zum verletzenden Ausgangspunkt zurückführt. Wieder und wieder spielen wir das Geschehen gedanklich durch, machen dem anderen Vorwürfe oder stellen Fragen wie: »Warum hast du mir das angetan?« Die inneren Diskussionen beginnen stets von vorn, morgens beim Aufwachen, beim Spazierengehen, unter der Dusche, beim Versuch einzuschlafen und selbst noch in den Träumen. In einem solchen Kreisverkehr lassen sich endlose Runden drehen. Selbst wenn wir den Eindruck haben sollten, dass wir etwas bearbeiten und uns vorwärts bewegen, so umkreisen wir in einer Endlosschleife von Gedanken und Gesprächen doch nur *the same old story*. Und weil wir im Kreisverkehr nicht tanken können, brennen wir immer mehr aus und bleiben irgendwann erschöpft liegen.

Manche meinen, dass es ein Ausdruck von Selbstachtung sei, wenn sie ihren Zorn auf die andere Person hochhalten. Davon überzeugt, dass sie sich »eine solche Unverschämtheit« nicht gefallen lassen dürfen, hegen sie empört ihre Wut. Andere hoffen, dass sie die besagte Person durch ihren unversöhnlichen Hass in Schach halten und eben dadurch von weiteren Attacken abschrecken. Dies ist zwar ein verständlicher, doch wenig erfolgversprechender Wunsch. Denn wenn wir hassen, setzen wir uns in Wahrheit selbst gefangen. Wir meinen, den anderen durch unsere Unversöhnlichkeit zu bestrafen, treffen aber zuallererst uns selbst. Unsere eigene Lebendigkeit und Energie leiden, während der Mensch, der uns Böses getan hat, sich unter Umständen schon gar nicht mehr an die Sache erinnert oder sie ihm längst gleichgültig ist. Und schließlich zeigen viele medizinische und psychologische Studien: Dauerhafte Unversöhnlichkeit führt häufig zu körperlichen Beschwerden und Krankheiten wie Erschöpfung, Kopf- oder Magenschmerzen, Schlafstörungen, Bluthochdruck und Herzproblemen. Wenn wir also schwelenden Groll und negative Gedanken langfristig mit uns herumtragen, dann belasten wir vor allem uns selbst. Wer nachträgt, trägt schwer!

Doch damit nicht genug. Es gibt noch eine andere, jedoch häufig übersehene Folge von innerer Unversöhnlichkeit: Solange ich jemandem noch etwas nachtrage, gehe ich nicht meinen eigenen Weg (Andreas Knapp). Vielmehr laufe ich ihm in Gedanken hinterher und bin in innere Auseinandersetzungen mit ihm verstrickt. Die Kränkung wirkt wie eine Kette, die mich an ihn bindet. Ich bin besetzt und gebe der anderen Person eine Macht über mich, die ihr gar nicht zusteht. Und selbst wenn ich mich entscheide, sie aus meinem Leben zu streichen, können Angst, Groll oder Ohnmacht noch nach Jahren ihre Herrschaft ausüben. So schäumen alte Menschen bisweilen vor Wut über eine Verletzung, die sie in ihrer Kindheit erlitten haben. Und manche werden von nagender Eifersucht regelrecht zerfressen, wenn sie an ihre vor Jahren zerbrochene Beziehung und an die neue Beziehung ihres Ex-Partners oder ihrer Ex-Partnerin denken.

Wenn wir innerlich unversöhnt bleiben, dann leben

wir also nicht nur mit der Last der vergifteten Gefühle und Erinnerungen, sondern sind auch an die Vergangenheit gebunden. Angekettet an das erlittene Unrecht gelingt es uns kaum, im Hier und Jetzt zu leben. Die mögliche Freude des Augenblicks geht durch den getrübten Blick ungesehen vorüber. Schuldzuweisungen, Erinnerungen und Empfindungen halten uns im Vergangenen fest, während die Gegenwart glücklos verstreicht. Doch wirkliches, erfülltes Leben gibt es allein in der Gegenwart.

Dass das Zurückschauen zum tödlichen Stillstand führt, drückt die biblische Erzählung von Lots Frau mit einem Bild aus: Lots Frau dreht sich um und blickt zurück auf die dem Untergang geweihte, brennende Stadt, aus der sie geflohen ist. In diesem Augenblick erstarrt sie zu einer Salzsäule (Genesis 19,26). Wenn wir uns von dem, was hinter uns liegt, nicht abwenden können, sondern davon wie gebannt sind, erstarren wir. Ein rückwärts gerichteter Blick ist blind für die Chancen der Gegenwart. Und wer keine neuen Interessen und Ziele entwickeln kann, verbaut sich seine Zukunft. Denn die Zukunft lockt nicht im Rückspiegel, sondern von vorn.

Rache macht blind

Wenn wir Dinge nicht »gut sein« lassen können, belasten wir auch unsere Beziehungen. Denn es entstehen unweigerlich viele Situationen, die zu Enttäuschung und Distanz führen. Wird in der Familie oder unter Freunden, in Gemeinschaften oder im Kollegenkreis die Kunst des Vergebens nicht eingeübt, wird das Zusammenleben schwierig. Das Miteinander verkommt zu einer freudlosen Angelegenheit oder geht sogar ganz in die Brüche.

Werden wir verletzt, dann liegt der Wunsch nahe, sich für die erlittenen Schmerzen, die Scham oder die gefühlte Demütigung zu rächen. Rache ist ein menschliches Grundbedürfnis, das auf Ausgleich zielt. Rechnen wir mit dem anderen ab, dann wollen wir ihm mit gleicher Münze heimzahlen, was er uns angetan hat. Sich rächen bringt eine gewisse Befriedigung mit sich. Der Eindruck: »Dem habe ich es aber gezeigt!« baut das geschwächte Selbstwertgefühl ein wenig auf. Doch es ist ein Irrtum zu meinen, dass Vergeltung dauerhaft entlastet. »Rache ist süß« mag ein momentaner Effekt sein, doch der Nachgeschmack ist anders: Mit meiner rächenden Attacke habe ich den anderen zwar verletzt, aber dadurch ist meine eigene Verletzung noch lange nicht geheilt! Das, was ich schmerzlich schlucken musste, stößt mir bald wieder auf und die alte Bitterkeit vergällt mir den Geschmack am Leben.

Dazu kommt, dass Vergeltung den Riss in der Beziehung nicht kittet. Im Gegenteil: Wenn ich mich räche, vertieft sich die Kluft zwischen dem anderen und mir. Der Konflikt droht sich auszuweiten. Denn der rächende Versuch, Gleiches mit Gleichem zu vergelten, führt in einen Wiederholungszwang. Wie beim Tennisspiel folgt Schlag auf Schlag und mit erhitztem Gemüt wird der Teufelskreis von Verletzen und Verletztwerden angeheizt.

Das alttestamentliche Prinzip »Auge um Auge, Zahn um Zahn« (Exodus 21,24) hat den ursprünglichen Sinn, den Rache-Instinkt, der schnell zur Eskalation führen kann, einzudämmen. Das Bedürfnis, es dem anderen »doppelt und dreifach« heimzuzahlen, wird beschränkt: Ich darf dem anderen nur das antun, was mir selbst angetan worden ist. Doch diese Vergeltung ist keine Wiedergutmachung. Denn wenn ich dem anderen ein Auge ausschlage, kann dieses Auge den Verlust meines eigenen Augenlichts nicht ersetzen. Ebenso wenig bringt der Tod des Mörders den geliebten Menschen wieder zurück. Ja, es gilt sogar: Das Gesetz »Auge um Auge« hinterlässt nur Blinde (Martin Luther King). Selbst, wenn ich »nur« bestohlen worden bin, greift die Wiedererstattung zu kurz, da weit über den Sachverlust hinaus die Basis für ein vertrauensvolles Zusammenleben zerstört worden ist – und diese Verletzung wird durch den materiellen Ausgleich noch lange nicht geheilt.

Neben dem Ausgleich kann Rache noch eine weitere Funktion haben: Oft wollen wir der Person, die uns verletzt hat, ihr Verhalten heimzahlen. Wir wollen ihr eine Lektion erteilen, die sie von weiteren Grenzverletzungen abhalten soll. »Die wird sich nicht mehr so schnell erlauben, mich noch einmal zu attackieren«, so hoffen wir. In der Tat kann Abschreckung eine sinnvolle Strategie sein. So hält beispielsweise der warnende Hinweis »Autos werden kostenpflichtig abgeschleppt« Autofahrer davon ab, ihren Wagen auf einem Privatgrundstück abzustellen. Wenn Grenzüberschreitungen etwas kosten, halten sich die meisten Leute an die Regeln. Grundsätzlich haben wir Menschen auch eine Fürsorgepflicht für uns selbst. Wir haben die Aufgabe, unseren physischen und psychischen Lebensraum zu schützen und uns rechtzeitig abzugrenzen. Doch es ist ein Unterschied, ob wir bei einer Verletzung klare Grenzen ziehen und uns gegebenenfalls auch wehren, oder ob wir Vergeltung üben, die darauf zielt, dem anderen wehzutun. Bei Letzterem überschreiten wir eine klare ethische Grenzlinie.

Ohne Vergebung bleibt nicht allein die Beziehung mit

der Person, die einen verletzt hat, belastet und zerrüttet. Darüber hinaus vergiftet ein rächender Schlagabtausch zwischen zweien häufig die Atmosphäre des gesamten Umfeldes. Vielleicht haben auch Sie schon erlebt, wie schnell eine Spannung zwischen zwei Personen das Arbeitsklima einer ganzen Abteilung belasten kann. Oder wie durch eine Beziehungskrise der Freundes- und Familienkreis in Mitleidenschaft gezogen wird und es zu Parteiungen kommt. Es ist eine bittere Erfahrung, dass man in solche Konflikte hineingezogen werden kann, ohne es zu wollen.

Schließlich gilt, dass oft Unschuldige darunter leiden müssen, wenn jemand frustriert ist. Wer aufgrund einer Kränkung innerlich geladen ist, dem dienen häufig Schwächere als Blitzableiter. Es kommt zu einer »Verschiebung« der angestauten Wut, die eine regelrechte Kettenreaktion auslösen kann, etwa: Ein Abteilungschef wird von der Unternehmerin zu Unrecht kritisiert. Dieser lässt seinen Ärger am Büroleiter aus, der seinen angestauten Frust zu Hause an seiner Frau entlädt, die dann wiederum ihr Kind anfährt, das am Ende vor lauter Wut das Spielzeugauto gegen die Wand fährt oder den kleinen Hund quält.

Ein psychologisches Grundgesetz unseres Verhaltens lautet: Wenn wir erlittene Beziehungswunden nicht in unser Leben integrieren, besteht die Gefahr, dass wir die Verletzung in anderen Kontexten wiederholen – indem wir andere verwunden oder uns selbst. Wir agieren die nicht verarbeitete Kränkung an anderen aus und lassen diese dann dafür büßen. Familiendramen wie auch die Geschichte von ganzen Staaten und Nationen zeigen, wie das erlittene Unrecht unbewusst weitergegeben wird und so neues Leid und Unrecht schafft. Ohne eine innere Aussöhnung wird die Opfer-Täter-Geschichte fortgeschrieben und die Spirale von Verletzung und Gewalt findet kein Ende.

Wie abgeschnitten vom Leben

Manchmal verdunkelt eine nicht verheilte Kränkung sogar den gesamten Lebenshorizont. Wir fühlen uns wie abgeschnitten vom Leben und leiden darunter, keinen Zugang mehr zu dem zu finden, was bislang für uns Bedeutung hatte. Oder wir beginnen, mit unserem Schicksal zu hadern, das uns eine solche Ungeheuerlichkeit zumutet, und werden zu einem wandelnden Vorwurf gegen das Leben. Alles hat sich scheinbar gegen einen verschworen. Glück erfahren immer nur die anderen, und falls es einen Schöpfergott geben sollte, so hat der wohl vergessen, dass ich auch noch da bin. Manchmal gehen Verletzungen sogar so tief, dass sie das Urvertrauen, das tragende Fundament menschlicher Beziehungen zerstören. Der Boden unter den Füßen bricht weg und wir fühlen uns haltlos.

Tagebucheintrag

In den vergangenen Monaten fühlte ich mich im Gebet leer und trocken. Alles ist so alltäglich geworden und ich frage mich, ob meine Beziehung mit Gott an Tiefe verloren hat. In einem Gespräch mit einem Vertrauten erzähle ich davon und schließe mit den Worten: »Ich möchte so gerne jemand sein, die Gott liebt. Doch ich weiß nicht, ob ich Gott liebe.« Darauf fragt er mich: »Liebst du das Leben?«

Leben verletzt

Für glaubende Menschen ist Gott der Name dafür, dass unsere Welt einen guten Grund hat. Er ist die Chiffre dafür, dass wir in einem Größeren aufgehoben sind und dass selbst die Bruchstücke unseres Lebens noch zu einem Ganzen werden können. Dieses Vertrauen bleibt nicht unangefochten, sondern steht immer wieder auf dem Prüfstand, insbesondere wenn Unrecht und Leid einen heimsuchen: Kann ich mich damit versöhnen, dass ich diese Verletzung erlitten habe? Kann ich annehmen, dass im Leben auch Schreckliches und Unverständliches passiert? Oder hadere ich mit dem Leben? Bricht unter der Hypothek des Zweifels, ob diese Welt mit ihren Widersprüchen von einem guten Gott verantwortet wird, mein Glaube wie ein Kartenhaus in sich zusammen?

Immer ist nämlich in solchen Situationen der ganze Mensch betroffen. Die Erfahrung von Feindschaft, Unrecht und Bedrängnis wird häufig zugleich als schmerzhafte Ferne und Abwesenheit Gottes erlebt. Diese innere Verbindung von menschlicher und göttlicher Distanz bringt die Bibel in erschütternder Weise zur Sprache (vgl. z.B. Psalm 6, Psalm 43).

Wird Misstrauen zum vorherrschenden Grundgefühl, so breitet sich zerstörerischer Zweifel wie ein Krankheitsherd immer mehr aus. Der Lebensradius verengt sich. Die Angst vor Selbstverlust oder vor Einsamkeit sitzt im Nacken und die Befürchtung, den letzten tragenden Halt zu verlieren, greift nach einem. Die drei wesentlichen Grundbezüge des Lebens – die Beziehung zu sich selbst, zu anderen und zum Lebensganzen, zu Gott – werden zunehmend in Mitleidenschaft gezogen. Und dabei wünschen sich wohl alle, mit sich selbst im Einklang zu leben, in guten Beziehungen verankert zu sein und ein Grundvertrauen in das Dasein zu spüren. Der Weg des Vergebens führt in dieses »Land der Ruhe« (Hebräerbrief 4,3).

Warum aber bleiben viele Menschen unversöhnlich, obwohl sie dafür einen hohen Preis bezahlen müssen? Warum ziehen wir es oft überhaupt nicht in Betracht, der Person, die uns gekränkt hat, zu vergeben und ihr das Erlittene nicht mehr nachzutragen?

2

Warum wir Kränkungen nachtragen

Unversöhnlichkeit hat auch Vorteile

»Ich kann morgen leider nicht in die Schule kommen. Die Grippe hat mich erwischt und ich muss zu Hause bleiben«, krächzt ein Kind mit heiserer Stimme ins Handy. Es würde zwar gerne länger telefonieren, doch der trockene Husten und ein dröhnender Kopf lassen das Mädchen bald auflegen. Ohne Zweifel ist es für das Kind unangenehm, fiebernd im Bett zu liegen, sich matt zu fühlen und Schmerzen zu leiden. Aber zugleich kommt die Grippe nicht ganz ungelegen, denn dadurch fällt die Klassenarbeit aus. Zu Hause wird das Kind verwöhnt und umsorgt, darf schwach und hilfsbedürftig sein und kann die Eltern sogar ein wenig herumkommandieren.

Dass Krankheiten manchmal auch einen Vorteil mit sich bringen, ist wohl niemandem ganz unbekannt. Sie schützen vor unangenehmen Verpflichtungen, und wer krank ist, wird nicht nur körperlich, sondern häufig auch seelisch gut versorgt, etwa mit Aufmerksamkeit, Zuwendung oder einem kleinen Geschenk.

Ähnliches gilt für Kränkungen. Vielleicht ist auch Ihnen diese Erfahrung vertraut: Sie leiden darunter, von einer anderen Person verletzt worden zu sein, fühlen sich unglücklich oder voller Groll. Und doch wollen Sie nicht gesund werden. Betont werden die eigenen Wunden geleckt, und jede Entschuldigung der anderen Seite wird entschieden zurückgewiesen. Die Kränkung wird zu einem Grundgefühl, in dem man es sich häuslich einrichtet. Wie kommt es zu dieser Unversöhnlichkeit?

Warum wir Kränkungen nachtragen

Wir Menschen tun nichts ohne Grund. Sogar ein Verhalten, durch das wir uns das Leben selbst schwer machen, hat seine »guten« Gründe. Diese können etwa in biografischen Erfahrungen oder in typisch menschlichen Neigungen wurzeln. Zugleich zielen wir durch ein solches Verhalten etwas an, das uns bewusst oder unbewusst erstrebenswert erscheint. Dies gilt auch für das hartnäckige Festhalten an einer Kränkung. Im Folgenden werden einige solcher Gründe und »Krankheitsgewinne« ausgeleuchtet. Vermutlich entdecken Sie bei sich – oder bei manch einem Mitmenschen – den einen oder anderen Beweggrund. Bitte verurteilen Sie sich nicht dafür! Je mehr Sie im bloßen Wahrnehmen bleiben, umso eher werden Sie entdecken, wie vielschichtig Ihre Motive sind. Und umso mehr werden Sie verstehen, was die Motive über Sie selbst sagen. Eine solche Einsicht kann dann auch die Sicht für alternative, bessere Handlungsmöglichkeiten weiten.

Ein erster Grund, warum manche in der Situation der Verletzung verharren und nicht verzeihen wollen, ist die *Lust am eigenen Schmerz*. Sie baden regelrecht im Schmerz und streuen Salz in die eigene Wunde, um sie möglichst lange lecken zu können. Denn dies ermöglicht ihnen, dass sie sich selbst bemitleiden können – und sogar noch das Mitleid anderer gewinnen.

Ein weiterer Grund kann die *träge Bequemlichkeit* sein. Sich auf einen Heilungsprozess einzulassen kostet nämlich ziemlich viel Mühe. Bei körperlichen Erkrankungen wird uns etwa eine Diät verordnet. Oder wir müssen unseren Lebensstil ändern, zur Krankengymnastik gehen und uns unsere Gesundung etwas kosten lassen. Kein Wunder, dass nicht alle diesen Preis bezahlen wollen und sich lieber der trügerischen Hoffnung hingeben, dass sie von selbst wieder gesund werden. Ähnliches gilt für seelische Kränkungen. Auch da scheint es viel einfacher, dass wir mit der Entscheidung: »Das verzeih ich dir nie!« eine Sache abhaken und eine Person abschreiben, anstatt uns mit ihr auseinanderzusetzen.

Doch der Hinweis auf Trägheit kann noch nicht hinreichend erklären, warum manche ihre Verletzung wie einen kostbaren Schatz hüten, der nicht preisgegeben werden darf. Sie münzen ihn, meist unbewusst, in ein Mittel, ja in eine *»Waffe«* um – und dies aus nachvollziehbaren Gründen: Denn je tiefer wir getroffen worden sind, umso größer ist die Angst vor einer weiteren Attacke. Zugleich wächst auch das Bedürfnis, sich wirkungsvoll zu schützen. Alles, was der eigenen Aufrüstung dient, vermittelt ein Gefühl von Sicherheit. Es ist beruhigend, wenn ich gegen den Gegner etwas in der Hand habe – und seien es auch »nur« Vorwürfe, die ich ihm an den Kopf werfen kann. Die Vorstellung, das Arsenal an Vorwürfen aus der Hand zu geben und zu vergeben, schürt hingegen die Furcht, dass der andere sich ermutigt fühlen könnte, sein Verhalten zu wiederholen. »Ist eine einseitige Abrüstung nicht unvernünftig, unter Umständen sogar fahrlässig? Wenn ich vergebe, vergebe ich mir dann nicht etwas? Ja, provoziere ich nicht, vom anderen für schwach gehalten zu werden und damit seinen nächsten Angriff?! Dann spiele ich doch lieber auf Dauer die beleidigte Leberwurst und habe so immer etwas, was ich dem anderen auf's Brot schmieren kann. Und je mehr er daran würgt, umso besser!«

Der darin zu Tage tretende *Vergeltungsdrang* ist ein typisch menschliches Reaktionsmuster. Wer an einem schuldig geworden ist, hat dafür zu bezahlen: »Na warte! Das lasse ich mir von dir nicht gefallen. Du wirst meinen Ärger und meine Wut noch zu spüren bekommen!« In allen Einzelheiten malt man sich aus, wie der andere für seinen Fehltritt bezahlen muss – sei es mit einer messerscharfen Bemerkung oder einer gezielten Indiskretion, sei es mit einem Beziehungsabbruch, eisigem Schweigen oder handgreiflicher Gewalt. All diese Fantasien, in denen wir die andere Person gedanklich erniedrigen, haben unbewusst das Ziel, das eigene Selbstwertgefühl zu stabilisieren. Sie erwecken den Eindruck, dass wir uns gut wehren und machtvoll reagieren können – etwas, das in der konkreten Situation eben gerade nicht der Fall gewesen ist. Der gedanklich vorgestellte rächende Ausgleich soll das verletzte Gleichgewicht im Inneren wiederherstellen. Wenn wir uns hingegen entscheiden, dem anderen sein Vergehen nicht heimzuzahlen, frustrieren wir das menschliche Bedürfnis nach Rache und ausgleichender Gerechtigkeit.

Die verunsicherte Selbstachtung wieder herstellen zu wollen ist nicht nur normal, sondern auch gesund. Der Wunsch, dass wir uns als wertvoll erfahren und uns selbst bejahen können, schlägt sich in all unserem Tun und Lassen nieder. Dieser Wunsch steht auch am Ursprung eines weiteren Motivs, den Ärger gegen andere zu nähren: *der Wille, recht behalten zu wollen*. Es gibt eine tief sitzende Rechthaberei in der menschlichen Seele, die nichts mehr scheut als das Eingeständnis – und sei es auch nur vor sich selbst –, an dem verletzenden Eklat Mitverantwortung zu tragen. Mit einem Auge sehen wir scharf wie ein Adler, was der andere alles falsch gemacht hat; das andere Auge aber halten wir bedeckt, damit wir die eigenen Anteile nicht sehen müssen. Der Stolz und das fragile Selbstwertgefühl verleiten zu einer derart einäugigen Sichtweise. Der psychische Gewinn einer solchen partiellen Blindheit liegt auf der Hand: Je mehr ich unter den Fehlern anderer leide, desto weniger leide ich unter meinen eigenen! (Georg Berndt)

Die Frage, was uns hindert, anderen zu verzeihen, findet eine erste Antwort: Wir selbst hindern uns! Der Wunsch, recht zu behalten, der Stolz oder der Glaube, unser Gesicht zu verlieren, halten davon ab, die eigene Misere hinter sich zu lassen. Viele haben Angst davor, dass sie sich selbst verraten oder sich neuen Angriffen aussetzen, wenn sie dem anderen vergeben. Kennen Sie dieses Gefühl?

Diese Angst beruht freilich auf einer falschen Vorstellung davon, was Vergeben bedeutet. Und mit diesem Gedanken kommt ein nächster Aspekt in Betracht, warum wir Menschen oft unversöhnlich an einer Kränkung festhalten: Häufig tragen falsche Vorstellungen von Vergebung dazu bei, dass wir nicht verzeihen wollen oder können. Irrige Zielvorstellungen halten davon ab, sich auf den Weg der inneren Aussöhnung zu machen.

Falsche Vorstellungen von Vergebung

»Lass doch die alten Kamellen! Zieh einen Strich unter die Vergangenheit!« oder: »Kind, wir haben es doch nur gut gemeint!« Zu Recht wehren sich verletzte Menschen gegen derart simple Ratschläge, die einem wie ein Schlag ins Gesicht vorkommen. Wie viele sind durch solche Fingerzeige schon in Sackgassen geführt worden, die ihren Heilungsprozess blockiert haben! Ähnlich können Hinweise auf andere Personen oder gar große Persönlichkeiten lähmen. Es hilft keineswegs weiter, wenn wir hören, wie großzügig Mahatma Gandhi oder Martin Luther King vergeben konnten, wenn uns nicht zugleich auch ihr inneres Ringen und ihre biografischen Hintergründe vermittelt werden. Ansonsten drohen Vorbilder eher eine Überforderung zu werden. Es wird ein Land aufgezeigt, das jenseits unseres Horizontes liegt. Angesichts eines derart unerreichbar fernen Zieles ist es naheliegend abzuwehren: »Dort kann und will ich nicht hin!« Dies erinnert an den hungrigen Fuchs in der Fabel des Äsop, der sich von den schmackhaften, aber unerreichbaren Trauben mit den Worten abwendet: »Sie sind sauer.«

Und schließlich ist die Rede vom Vergeben in Misskredit geraten durch Moralapostel, »spirituelle Meister« und pseudo-christliche Ermahnungen, welche die menschlich-spirituelle Tiefe des Vergebungsprozesses zu einer Karikatur verzerrt haben. Halten wir uns im Folgenden einige Missverständnisse von Vergebung vor Augen, die dazu führen können, dass wir ihr ablehnend gegenüberstehen.

»Vergiss es! Reiß doch die alten Wunden nicht mehr auf! Das ist schon so lange her!« Solche Aufforderungen legen die Vermutung nahe, dass *Vergeben* dasselbe wie *Vergessen* sei. Doch was wäre dann mit Menschen, die ein ausgezeichnetes Gedächtnis haben? Und fällt umgekehrt Leuten mit einem schlechten Erinnerungsvermögen das Verzeihen leichter? Geht es im Prozess der Aussöhnung um das Löschen von Dateien oder um eine gepflegte Art von

Gedächtnisverlust? Dann wären Amnesie und Gedächtnisschwund eine Hilfe, um versöhnter zu leben …

Nein, vergeben ist nicht vergessen! Es geht vielmehr darum, dass wir uns an das Erlittene *anders* erinnern. Unversöhnte, bittere Erinnerung geht mit negativen Gefühlen und Gedanken einher, etwa mit Wut, Schmerz, Angst oder Resignation. Innere Aussöhnung zielt darauf, unsere schmerzhafte Erinnerung zu heilen. In seinem Roman »Missa sine nomine« erzählt Ernst Wiechert von einem Mann, der während des Nazi-Regimes in einem KZ interniert war. Nach seiner Befreiung wird Amadeus von den Bildern dieser schrecklichen Zeit wie von Gespenstern verfolgt. Er muss lernen, dass man nur vergessen kann, wenn man die Hefe der Erinnerung bis auf das Letzte ausgetrunken hat. Es reicht nicht, den Becher schnell mit neuem Wein zu füllen, ehe der Bodensatz ausgetrunken ist. Nachdem Amadeus sich den dunklen und grauenvollen Bildern gestellt und mit anderen darüber gesprochen hat, verblassen die Schrecken der Vergangenheit.

Wenn wir den Weg der Vergebung gehen, dann wird uns der Gedanke an das Erlittene mit der Zeit nicht mehr so gefangen nehmen und wir werden freier, uns mit anderem zu beschäftigen. Ähnlich wie Bücher in einer Bibliothek einem bestimmten Platz zugeordnet werden, bekommt das Geschehene einen angemessenen Ort. Es ist integriert. Und derart eingeordnet können wir das erlittene Unrecht auch in einem guten Sinn beiseite legen, abschließen und »vergessen«. Es ist nicht mehr so wichtig. Das Vergangene darf vergangen sein.

Vielleicht geht Ihnen auch folgender Gedanke durch den Kopf, der ein Loslassen erschwert: »Wenn ich dem anderen seinen Fehltritt vergebe, bin ich ein Feigling oder Waschlappen!« Mit einer solchen Ansicht ständen Sie nicht allein. Viele glauben, dass Verzeihen *eine Sache von Schwächlingen* ist und sind davon überzeugt: »Wer vergibt, schluckt in falscher, nämlich in ängstlicher Demut zugefügtes Unrecht herunter, anstatt den Mund aufzumachen. In seinem Inneren türmt sich eine wachsende Müllhalde auf, an der er immer mehr würgen und am Ende vielleicht sogar ersticken wird.« Tatsächlich aber erfordert es eine ganze Menge an Kraft und Stärke, auf rächende Genugtuung zu verzichten und eine erlittene Kränkung loszulassen.

Eine zugefügte Kränkung »gut sein« lassen heißt jedoch nicht, dass wir ein Fehlverhalten gutheißen. Ebenso wenig bedeutet Vergeben, auf die eigenen Rechte zu verzichten. Dies ist leider ein häufig anzutreffender Irrtum, der vielen den Weg des Verzeihens verbaut. Sie haben den Eindruck: »Wenn ich dem anderen vergebe, dann gebe ich mich selbst auf. Ich höre auf, für meine Rechte einzustehen. Und das will ich nicht!« In diesem Fall träfe die Mutmaßung Bernhard Shaws zu, dass Vergebung eine »Zuflucht der Halunken« ist, welche die Übeltäter ermutigt und ängstlicher Harmoniesuche entspringt. Doch Verzeihen heißt nicht, dass wir das Verhalten des anderen automatisch gutheißen. Wir können es nach wie vor falsch, unfair oder wie auch immer finden. Wir lassen lediglich nicht länger zu, dass diese Tat unser Leben dauerhaft negativ beeinflusst. Das Geschehen selbst aber wird dadurch nicht schön gefärbt. Ebenso wenig meint »sich innerlich aussöhnen«, dass wir Gerechtigkeitsforderungen aufgeben oder gerichtliche Schritte unterlassen. Vielmehr sind Untaten wie Missbrauch anzuzeigen, um potenzielle zukünftige Opfer zu schützen. Vergebung beinhaltet keinen *Verzicht auf Gerechtigkeit,* sondern ist der Weg, den sich das Opfer zu einer neuen Freiheit bahnt. Wer vergibt, befreit sich aus fremdbestimmten Lebensumständen und folgt der eigenen Lebensspur.

Ein weiteres, verkürztes Verständnis von Vergebung spiegelt sich in elterlichen Ermahnungen – vielleicht sogar mit erhobenem Zeigefinger: »Du entschuldigst dich auf der Stelle bei deinem Bruder! Du verzeihst jetzt deiner Schwester! Und dann ist alles wieder okay zwischen euch beiden!« Eine solche Aufforderung suggeriert, dass Vergeben eine *reine Willenssache* sei. Wenn es dann sogar noch heißt: »Wo ein Wille ist, da ist ein Weg«, so wird unterstellt, dass wir mit einem Willensakt den Schalter unserer inneren Gefühlswelt umlegen könnten. Haben auch Sie schon einmal in einem heldenhaften Willensakt versucht, dem anderen von jetzt auf gleich sein Fehlverhalten nicht mehr nachzutragen? Vermutlich mussten Sie bald entdecken, dass Ihre Gedanken- und Gefühlswelt von dem großzügigen Friedensschluss offenkundig nicht viel mitbekommen hat. Die verletzten Emotionen sind nach wie vor in Aufruhr, spähen ängstlich nach erneuten feindlichen Übergriffen oder warten vielleicht darauf, sich doch rächen zu können. Trotz guten Willens liegt echte Vergebung noch in weiter Ferne.

In christlichen Kreisen kursiert eine »religiöse« Variante dieser Fehlform, die unterstellt: Man müsse schnell wieder verzeihen, weil das Gottes Wille sei. Hier wird der falsche Eindruck erweckt, dass wir anstatt eines langen und mühsamen Weges mit Gottes Hilfe einen spirituellen Salto machen könnten. Schnell sind die großen Worte der Vergebung auf den Lippen, doch das Herz ist noch weit weg davon. Die Annahme, dass Verzeihen eine bloße Sache des Willens sei, ist eine unangemessene Vereinfachung! Dazu kommt, dass sie uns mit der Zeit das ohnmächtige Gefühl vermittelt: »Ich schaffe es nicht, dem anderen zu vergeben.« Und so besteht die Gefahr, dass wir uns anklagen, »immer noch nicht darüber weg zu sein«. In der Folge verdoppeln manche mit zusammengebissenen Zähnen ihre Anstrengung, während andere den Weg der inneren Aussöhnung resigniert aufgeben oder ihn zynisch ins Lächerliche ziehen.

Auf einen letzten Punkt sei hingewiesen, der viele davon abhält, den Weg der Vergebung für sich in Betracht zu ziehen: auf die fehlende Unterscheidung zwischen *Vergeben und Versöhnen*. Werde ich von jemandem verletzt, macht es einen Unterschied, ob ich ihm vergebe oder ob ich mich mit ihm versöhne. Ich kann jemandem vergeben, ohne dass ich mich mit ihm versöhne. Doch umgekehrt kann ich mich nur ehrlichen Herzens mit ihm versöhnen, wenn ich bereit bin, ihm zu vergeben.

Wenn ich mich versöhne, handelt es sich um ein zwischenmenschliches Geschehen, das sich zwischen dem anderen und mir abspielt. Ein gemeinsamer Neuanfang wird gesetzt, der die Beziehung nicht nur wiederherstellt, sondern häufig sogar vertieft.

Hingegen meint Vergeben, dass ich die zugefügte Kränkung innerlich verarbeite. Bei diesem innerpsychischen Vorgang ist der andere nicht notwendig beteiligt. Der Prozess des Vergebens kann also unabhängig vom Kontakt mit der anderen Person stattfinden – und dies ist aus mehreren Gründen wichtig: Vergebung muss jederzeit möglich sein, auch wenn derjenige, der uns einen Schaden zugefügt hat, sich beispielsweise nicht versöhnen will, ja eventuell nicht einmal seine Schuld einsieht. Ansonsten wären wir vermutlich auf Dauer in unseren verletzten Gefühlen gefangen. Wir blieben in der Rolle des Opfers und der Täter hätte bleibende Macht über uns. Mit »Opfer« ist hier jene psychologische Rolle gemeint, in der sich jemand als Opfer eines anderen betrachtet und sich diesem gegenüber machtlos und ausgeliefert fühlt. »Täter« meint die psychologische Rolle, in der jemand als Ursache einer Kränkung angesehen wird oder sich so erlebt.

Dass Vergeben unabhängig vom Kontakt mit dem Täter möglich und bisweilen sogar angebracht ist, wird besonders dann deutlich, wenn dieser bereits verstorben ist. Ansonsten blieben wir nämlich Zeit unseres Lebens in der Opferrolle, und wir müssten für immer mit der Bürde der verletzten Gefühle und vergifteten Gedanken leben. Im Extremfall käme es sogar zu einer Herrschaft der Toten über die Lebenden. Es ist offenkundig: Nicht die Verstorbenen – etwa ein Elternteil, der uns klaffende Wunden zugefügt hat, oder ein verhasster Partner –, sondern wir Lebenden leiden darunter, wenn wir den Toten nicht vergeben.

Dass Vergebung von Versöhnung unterschieden wird, hat schließlich für all jene große Bedeutung, die traumatisierender Gewalt ausgesetzt waren. Es kann psychologisch lebensnotwendig sein, dass es zu keiner Begegnung zwischen Opfern und Tätern kommt. Doch in einem innerpsychischen Prozess können die Opfer die niederdrückende Last von ihrer Seele abwerfen und sich von ihrer inneren Bindung an die Täter befreien.

Nur wenn wir zwischen Vergeben und Versöhnen un-

terscheiden, wird uns deutlich, dass der Weg des Vergebens nicht automatisch zur Versöhnung führen *muss*.
Wir können auch zur bewussten und berechtigten Entscheidung gelangen, dass wir die Beziehung mit dem anderen gar nicht wieder aufnehmen wollen. Wird der Unterschied übersehen, dann besteht die Gefahr, dass uns
unnötige Blockaden den Weg der Vergebung versperren
und wir das »ganze Unternehmen« lieber gleich bleiben
lassen.

Der Schwerpunkt des vorliegenden Buches gilt dem
innerseelischen Prozess des Vergebens. Dieser wird auch
mit den Worten wie »Verzeihen«, »innere Aussöhnung«
oder »innere Versöhnung« umschrieben.

3

Vergeben als Chance, wieder lebendig zu werden

Gute Gründe, um zu vergeben

Eindrucksvoll beschreibt Walter Kohl, der Sohn von Helmut Kohl, welche Kraft im Vergeben liegt. In seinem autobiografischen Buch »Leben oder gelebt werden. Schritte auf dem Weg zur Versöhnung« setzt er sich mit seiner verhassten Rolle als Sohn des deutschen Bundeskanzlers auseinander, in dessen Schatten er immer gestanden hatte. Walter Kohl haderte mit seinem Schicksal und versteinerte innerlich immer mehr, bis er den Wert der inneren Aussöhnung für sein Leben erkannte. Er entdeckte sie als eine Kraft, die ihn zu sich selbst bringt. Seine weichenstellende Erfahrung war: Vergebung hilft, heilt und wandelt von innen her. Sie bewirkt, dass er Frieden mit dem Unabänderlichen zu schließen vermag und dass er »endlich leben kann, ohne gelebt zu werden«.[2] Schmerzende, negative Energie wandelt sich in heilende, positive Energie, in Freude, Kreativität und Harmonie. Kraft des Vergebens kann Kohl schließlich auch seinen Eltern mit einem neuen Denken versöhnt begegnen.

Die Geschichte von Walter Kohl zeigt, was vielleicht auch Sie in Ihrem eigenen Leben oder im Leben anderer erfahren haben: Vergeben ist ein Weg, der in die Freiheit führt. Statt auf Dauer Gefangene unserer verletzten Gefühlen und Gedanken zu bleiben, finden wir zu einem neuen Einverständnis mit uns selbst und unserer Geschichte. Zugleich wachsen der Friede mit anderen und die Freude am Leben.

Am Anfang des Weges, der zu diesem Ziel führt,

steht bei vielen ein *Leiden:* Sie leiden daran, dass sie sich schlecht fühlen und wollen, dass es ihnen sowohl seelisch als auch körperlich wieder besser geht. Selbsterhaltung und Selbstliebe sind also ein wesentlicher Antrieb im Prozess des Vergebens. Falls Ihnen diese Beweggründe vertraut sein sollten, brauchen Sie sich wegen dieser »selbstbezogenen« Motive nicht zu schämen. Im Gegenteil: Wenn der Schmerz zu einem Motor wird, der Sie nach Heilung suchen lässt, ist dies nicht nur eine normale, sondern auch eine gesunde Reaktion. Im Wunsch nach einer gelingenden, schöpferischen Lebensgestaltung liegt eine große Genesungskraft.

Ein weiteres wichtiges Motiv tritt häufig erst im Verlauf des Prozesses stärker in den Vordergrund: der *Wunsch nach einem menschlichen Miteinander.* Tragfähige, erfüllende Beziehungen und ein respektvolles Miteinander gehören zu den größten »Glücksbringern« unseres Lebens. Sie bringen Freude und Sinn in unseren Alltag. Wenn wir dem anderen seinen Fehltritt nicht nachtragen, drücken wir darin die Überzeugung aus, dass er Achtung verdient, die auch jenseits seiner Schuld bestehen bleibt. Eine solche Haltung ist in sich ethisch wertvoll und gut. Wir ermöglichen eine erneute Annäherung. Auch verhindern wir, dass sich der Konflikt auf das weitere Umfeld lähmend auswirkt, und wir stärken die Beziehungen.

Schließlich wollen viele aus *spirituellen Gründen* in der Fähigkeit wachsen, sich und anderen vergeben zu können. Unsere große Sehnsucht zielt nicht nur darauf, dass wir geliebt werden, sondern auch, dass wir lieben können. Liebe will fließen. Wenn wir vergeben, bauen wir innerseelische und zwischenmenschliche Barrieren ab und öffnen uns für den Grundstrom von Liebe und Vertrauen.

Die Sehnsucht danach, zu lieben und geliebt zu werden, wohnt in jedem Menschen. Sie wirkt wie ein Kompass, der uns die Richtung erfüllten Lebens anzeigt. Christlich gedeutet ist diese Sehnsucht das Wirken des göttlichen Geistes in uns. Wenn wir dieser Kraft Raum geben, indem wir anderen ihre Schuld und Schwäche nicht nachtragen, arbeiten wir mit an der neuen Welt Gottes, für die Jesus gelebt hat.

Rahmenbedingungen für den Vergebungsprozess

Vergeben ist nicht angesagt, wenn …

Viele Religionen laden zur Vergebung ein. Diese ist eine Chance, zu mehr innerem Frieden und einem menschlicheren Miteinander zu finden. Doch trotz aller Wertschätzung darf nicht übersehen werden: Es gibt Konstellationen, in denen es falsch ist, den Weg der Vergebung einzuschlagen. In manchen Situationen ist der innere Aussöhnungsprozess noch nicht angesagt. Dies ist etwa bei schweren Traumatisierungen der Fall. Hier brauchen Betroffene erst einmal therapeutische Maßnahmen, die ihnen helfen, das Erlittene zu verarbeiten und ihr seelisches Gleichgewicht zu stabilisieren. Denn solange jemand kaum Boden unter den Füßen spürt und sein Selbstwertgefühl fundamental erschüttert ist, liegt im Vergebensprozess eine – möglicherweise gefährliche – Überforderung.

Ebenso ist es falsch, wenn sich eine Person, die in einer gewalttätigen Beziehung lebt, um innere Aussöhnung bemüht und hofft, dadurch die Gewalt besser ertragen zu können. Ein solches Bemühen begegnet einem nicht selten in Partnerschaften und co-abhängigen Beziehungen. Doch in diesem Fall ginge es erst einmal darum, dass die betroffene Person sich selbst schützt und auf Distanz geht. Am Beispiel eines Unfalls erläutert: Bei einem Verkehrsunfall auf der Autobahn müssen wir zuerst die Verwundeten aus der Gefahrenzone bringen, um weitere Verletzungen zu verhindern. Es wäre fahrlässig, sie auf offener Straße zu verarzten. Erst wenn wir die Verletzten am Straßenrand in Sicherheit gebracht haben, können wir ihre Wunden versorgen. In ähnlicher Weise haben wir eine Fürsorgepflicht für uns selbst: Solange der Giftpfeil einer Verletzung noch nicht entfernt ist und immer neues Gift in unseren Blutkreislauf eindringt, ist an Heilung nicht zu denken. In diesem Stadium ist Vergebung nicht angesagt, denn das hieße, aus Angst oder Abhängigkeit auf unsere eigenen Rechte zu verzichten. Zuallererst muss also alles darangesetzt werden, die verletzende Situation zu beenden. Das kann bedeuten, dass wir den Raum verlassen oder die Tür schließen, dass wir ganz oder vorübergehend ausziehen oder die andere Person zur Rede stellen. Mitunter müssen wir ein Gespräch beenden oder die Beziehung »auf Eis« legen. Es kann auch sein, dass gerichtliche Schritte oder andere Maßnahmen notwendig werden, um uns selbst oder uns anvertraute Personen zu schützen. Denn niemand hat das Recht, uns oder einen anderen Menschen wie einen Fußabstreifer zu behandeln.

Hier wird offensichtlich, dass Vergeben Stärke voraussetzt. Und Stärke erweist sich eben auch darin, dass wir uns zur Wehr setzen und aus Selbstachtung notfalls weggehen können. Wenn wir dann Abstand gefunden, uns erholt und neue Kraft gesammelt haben, können wir uns auf den Weg der inneren Aussöhnung begeben.

Auf einen förderlichen Lebensstil achten

Der Weg des Vergebens beginnt – wie jeder Weg – mit dem ersten Schritt, in diesem Fall mit dem festen *Entschluss:* »Ich will mich auf einen Prozess der inneren Aussöhnung einlassen. Ich mache mich auf den Weg, der mich hoffentlich dahin führen wird, dass ich dem anderen eines Tages seinen Fehltritt nicht mehr nachtrage. Und ich rechne damit, dass sich meine Sicht des anderen und meiner selbst verändern wird.« Die bisherigen Überlegungen haben gezeigt, dass es sowohl Vorteile als auch Nachteile bringt, wenn wir an einer erlittenen Kränkung festhalten und dem anderen einen Fehltritt nachtragen. Umgekehrt hat auch Vergebung ihren Preis, etwa dass wir uns im Verlauf des Prozesses mit unseren »dunklen« Gefühlen auseinandersetzen müssen. Zugleich birgt Vergebung ein großes Versprechen in sich.

Um sich bewusst für oder gegen den Vergebungsprozess zu entscheiden, kann es hilfreich sein, dass Sie sich alle Für und Wider aufschreiben und vielleicht sogar ein Streitgespräch verfassen. Denn es braucht die verbindliche Bereitschaft, in Richtung innere Aussöhnung gehen zu *wollen,* damit das Unternehmen gelingen kann. Nur Ihre eigene Entschlossenheit verleiht Ihnen den langen Atem und das erforderliche Durchhaltevermögen.

Hilfreich ist auch die nüchterne Einschätzung, dass es *Zeit und Mühe* kosten wird, bis ehrliche Vergebung etappenweise heranreift. Menschliche Prozesse verlaufen nach den Gesetzen des Wachstums und brauchen infolgedessen einfach ihre Zeit. Zugleich wäre es naiv zu glauben, dass die Zeit schon alle Wunden heilt. Die Zeit als solche ist neutral. In ihren Räumen können Wunden heilen, aber auch eitern und zu Quellen von Bitterkeit mutieren. Die Zeit als solche heilt noch keine Wunden, doch Wunden brauchen Zeit, um zu heilen. Und je tiefer die Wunden reichen, desto länger brauchen sie, bis sie sich wieder schließen.

In unserer zweckorientierten Gesellschaft fällt es nicht leicht, den Wunsch nach Effizienz zurückzuschrauben und sich einzugestehen, dass Vergeben nicht im Hauruck-Verfahren gelingt. Die Gefahr ist groß, dass wir es uns übelnehmen und mit uns selbst schimpfen, wenn wir nicht verzeihen können. Wenn Sie jedoch akzeptieren, dass es Ihnen jetzt noch nicht gelingt zu verzeihen, dann öffnet Ihnen dieses Eingeständnis Türen zu einem neuen Umgang mit Ihrer schmerzenden Kränkung.

Weiterhin empfiehlt es sich, Erfahrungen und Gedanken im Verlauf des Vergebensprozesses im Sinn eines *Tagebuches* zu notieren. Das Schreiben fördert Ihre Aufmerksamkeit und zugleich dient das »verobjektivierende« Aufzeichnen der inneren Aufarbeitung. Wenn Sie schreiben, sind Sie in gewisser Weise im Gespräch mit sich selbst. Zudem können Sie nach einer bestimmten Wegstrecke die Notizen nachlesen und dadurch mehr Übersicht bekommen und oft auch einen roten Faden entdecken.

Darüber hinaus erleichtert ein *gesunder Lebensstil* den Vorgang des Vergebens, da er unser seelisches Gleichgewicht stabilisiert. Dazu gehören etwa genügend Schlaf und ausreichend Bewegung, ein ausgewogener Rhythmus von Arbeit und Muße, Engagement für andere sowie die

Pflege von Hobbys und Dingen, die wir gerne tun. Von großer Bedeutung ist schließlich auch eine *Kultur der Dankbarkeit*. Eine solche Kultur kann uns nämlich die Augen dafür öffnen, dass das Leben uns – allen Widrigkeiten zum Trotz – auch mit viel Gutem beschenkt. Wer sich täglich eine bestimmte Zeit, etwa vor dem Einschlafen, reserviert, um sich bewusst zu machen, wofür er dankbar sein kann, entdeckt Anlässe!

Wohltuende Beziehungen pflegen

Manche Menschen reagieren auf eine schwere Kränkung mit Rückzug. Insbesondere neigen Männer häufiger dazu, sich wie ein einsamer Wolf zu isolieren: Sie trauen sich nicht mehr, Gefühle zu spüren, geschweige denn zu zeigen. Tränen dürfen – wenn überhaupt – nur im Verborgenen geweint werden. Viele haben verlernt, Wünsche zu äußern, und bauen allein auf sich selbst. Doch diese scheinbare Stärke und Unabhängigkeit führen auf Dauer nicht weiter. Vielmehr gilt es gerade nach tiefgehenden Kränkungen, *Freundschaften* und *Kontakte* mit Menschen zu pflegen, deren Gegenwart einem gut tut. Auf diese Weise kann das verlorene Vertrauen allmählich nachwachsen.

Auch für den Prozess der Vergebung selbst ist es von großer Bedeutung, dass wir mit jemandem im *Gespräch* sind und uns *begleiten lassen*. Denn durch eine Kränkung wird das Sensibelste in uns beschädigt: unser Selbstwertgefühl. Wir geraten aus dem inneren Gleichgewicht, und der Verarbeitungsprozess fühlt sich manchmal an wie eine Gratwanderung. Sind wir unseren dunklen Kränkungsgefühlen und Gedanken ausgesetzt, können Ängste aufsteigen wie: »Werde ich mich wieder in meiner bodenlosen Angst oder haltlosen Ohnmacht verlieren? Werde ich nochmals in meinen Schmerz oder in meine Wut abrutschen?« Wie bei einer Gratwanderung im Gebirge ein sicherndes Seil sinnvoll ist, so erweist sich in ähnlicher Weise ein Halt gebendes Gespräch auf dem Weg der Vergebung als hilfreich. Ja, wenn Sie seelisch in eine notvolle, ausgesetzte Lage geraten, kann es notwendend sein, sich einer Person anzuvertrauen, mit der Sie offen und ungeschminkt reden können. Solche Begleiter sollten die Fähigkeit haben, Ihnen gut zuzuhören und Sie zu verstehen. Sie sollten Sie auch dann noch aushalten können, wenn Sie sich selbst nur schwer aushalten. Gute Begleiter zeichnen sich dadurch aus, dass sie nicht richten oder moralisieren, und dass sie zugleich den Mut haben, ehrliche Rückmeldungen zu geben und andere Perspektiven aufzuzeigen. Einen solchen Gesprächspartner können Sie im Freundes- oder Familienkreis suchen, es kann aber auch eine geistliche oder therapeutische Begleitung sein. Wichtig wäre, dass Sie sich dieser Person vertrauensvoll zu öffnen wagen und dass diese nicht in den Konflikt mit verwickelt ist. Fühlen Sie sich verstanden, ernst genommen und wohlwollend angenommen, dann wirkt dies wie Balsam für die Seele.

Sogar wenn sich vieles im eigenen Innern dagegen sträubt: Zeigen wir uns zumindest *einem* Mitmenschen unverstellt in unserer Not, Schwäche und Nacktheit, dann können auch wir selbst diese Wirklichkeit in uns leichter anschauen. Und wenn wir erleben dürfen, »einfach so« bejaht zu sein, dann hilft dies, uns selbst auf einer tieferen Ebene zu bejahen.

Ohne Bedingung und Einschränkung angenommen zu sein – dies ist die Erfahrung reiner, göttlicher Liebe.

Sich dieser schöpferischen Liebe in *Meditation und Gebet* zu öffnen, spielt für viele im Prozess des Vergebens eine bedeutende Rolle. Glaubende erfahren Gott immer wieder wie einen bergenden Raum, in dem sie sein können und heiler werden. Zuneigung und Liebe können Beziehungswunden heilen lassen; in einmaliger Weise gilt dies von der göttlichen Liebe, die ohne jeden Schatten ist.

»Keine Katze mit sieben Leben,
keine Eidechse und kein Seestern,
denen das verlorene Glied
nachwächst,
kein zerschnittener Wurm
ist so zäh wie der Mensch,
den man in die Sonne
von Liebe und Hoffnung legt.
Mit den Brandmalen auf seinem Körper
und den Narben der Wunden
verblaßt ihm die Angst.
Sein entlaubter
Freudenbaum
treibt neue Knospen,
selbst die Rinde des Vertrauens
wächst langsam nach.«

(Hilde Domin) [3]

4

Die Schmerzen zulassen

Wenden wir uns nach den vorangegangenen Hinweisen auf das, was für den Weg des Vergebens wichtig und hilfreich ist, nun dem Weg selber zu. Im Folgenden kommen verschiedene Phasen im Verlauf des Vergebensprozesses zur Sprache. Diese Phasen stellen keine starre Abfolge dar, sondern sind eher eine Reihe von inneren Aufgaben, die sich sowohl gleichzeitig als auch mehrfach neu stellen können.

Der Schmerz als Freund und Feind

Es tut weh, wenn uns ein anderer Mensch verletzt. Entsprechend liegt einer der häufigsten Schutzmechanismen darin, dass wir den aufkommenden Schmerz und die damit verbundenen Empfindungen abwehren. Demgegenüber sei betont, dass körperliche und seelische Schmerzen eine wichtige Funktion für unser Überleben haben. Sie sind eine Art Alarmsignal, das uns veranlassen will, uns möglichst schnell aus der Gefahrenzone zu bringen, uns um eine Wunde zu kümmern oder anderweitig für uns Sorge zu tragen. Beinahe sprichwörtlich ist die heiße Herdplatte, welche die meisten Menschen wohl nur einmal im Leben anfassen. Ähnlich alarmieren psychische Schmerzen, die dasselbe neuronale Schmerzsystem aktivieren wie physische, dass wir für uns sorgen müssen und üben daher eine wichtige Schutzfunktion aus.

Zugleich ist es jedoch eine gesunde und bisweilen

auch überlebenswichtige Fähigkeit, sich vor zu starken Empfindungen schützen zu können. Auf biologischer Ebene vermögen Hormonausschüttungen das Schmerzempfinden für eine kurze Zeit auszuschalten. So berichten etwa Soldaten, dass sie eine Schussverletzung im ersten Augenblick gar nicht gespürt haben, weil ihre ganze Aufmerksamkeit dem nackten Überleben galt. Ähnlich die Mutter, die ihr Kind aus den Flammen rettet: Erst wenn sie das Kind und sich selbst in Sicherheit gebracht hat, spürt sie plötzlich den brennenden Schmerz.

Was für körperliche Schmerzsignale gilt, trifft in ähnlicher Weise für seelische Verletzungen zu. Auch solche können und müssen manchmal ausgeblendet werden, um psychisch überleben oder um in einer konkreten Situation angemessen reagieren zu können. Sind wir beispielsweise ungerecht angegriffen oder sozial ausgegrenzt worden, kann es notwendig sein, aufsteigende Gefühle wie Schmerz oder Scham, Ärger oder Ohnmacht zeitweilig zu vermeiden, damit wir unseren Alltag mit seinen Erfordernissen bewältigen können. Solche abwehrenden Mechanismen lassen sich mit Sicherungen vergleichen, die vor zu starkem Strom schützen: Sie regulieren zu heftige Empfindungen, die unsere psychische Stabilität gefährden könnten. Darüber hinaus ermöglichen sie, einen gewissen Abstand zur verletzenden Situation zu gewinnen. Dies ist insbesondere nach schweren Angriffen wichtig: Erst wenn wir neu zu Kräften gekommen sind und sich unser Selbstwertgefühl wieder etwas stabilisiert hat, können wir uns der erlittenen Wunde und ihrer Heilung zuwenden.

Doch die Gefahr ist groß, dass sich das zeitlich begrenzte Vermeiden in eine ständige Vermeidungshaltung verwandelt. Denn viele nachvollziehbare Gründe legen nahe, warum wir uns und anderen nicht eingestehen, dass wir verletzt sind.

Ein möglicher erster Grund: Wenn ich über eine Verletzung hinweggehe, erspare ich mir, dass ich mich mit meinen *Empfindungen* auseinandersetze. Es kann nämlich äußerst unangenehm oder auch notvoll sein, die eigenen dunklen Gefühle und peinlichen Gedanken wahrzunehmen und auszuhalten. Auch muss ich mich nicht meiner Verwundbarkeit stellen. Ich fliehe vor der eigenen Unsicherheit und inneren Armut, die am Selbstbewusstsein kratzt, und kann die Illusion weiterpflegen, überlegen und unverwundbar zu sein. Dies ist besonders für viele Männer ein hohes Ideal: »Ich will doch nicht für ein Sensibelchen oder ein Weichei gehalten werden! Dann spiele ich doch lieber den starken, selbstsicheren Mann und gebe nicht zu, wie sehr der andere mich getroffen hat. Das würde ihn womöglich noch veranlassen, über mich zu triumphieren oder mich zu verspotten.«

Eine Kränkung zu ignorieren kann auch dadurch motiviert sein, dass man *unangenehme Konsequenzen* wie einen offenen Konflikt vermeiden will. Da schluckt jemand die herablassende Art des Chefs lieber herunter, als dass er das Risiko einer Kündigung eingeht. Oder er lässt sich mit einer überlegenen Person auf keine Diskussion mehr ein, weil er fürchtet, ein weiteres Mal den Kürzeren zu ziehen. Werden wir von einem nahestehenden Menschen verletzt, schieben viele die Kränkung beiseite, um die Beziehung nicht zu belasten. »Negative« Gefühle und Gedanken, die sich zu Wort melden, werden schnell wieder zum Schweigen gebracht aus Angst, die kriselnde Beziehung noch mehr zu gefährden. Wut auf einen geliebten Menschen kann ängstigen, denn wer weiß, ob die Freundschaft das

Die Schmerzen zulassen

aushält … Und schließlich werden in engen Freundschaften oder Partnerschaften recht häufig Schmerz und Wut geleugnet, um Nähe und Unterstützung nicht zu verlieren oder um die notwendige Konsequenz einer Trennung zu vermeiden.

Die Verletzung, die wir uns nicht eingestehen wollen, kann aber auch bereits in der *Kindheit* erfolgt sein. Wir sind alle geprägt von unserer familiären Herkunft. Die Geschichte, die uns mit den eigenen Eltern und Geschwistern vom ersten Augenblick an verbindet, ist immer eine Geschichte, die zwei Seiten hat: eine Licht- und eine Schattenseite. Wurden wir in frühen Jahren stark verletzt, dann war es damals oft eine Sache des psychischen Überlebens, den Schmerz zu verdrängen. Zu bedrohlich waren die erlittenen Verwundungen und inneren Nöte, als dass wir als Kind hätten anders damit fertig werden konnen. Doch wir werden nicht »fertig« mit dem, was wir verdrängen. Vielmehr schreibt sich die alte Geschichte in unser aktuelles Empfinden und Verhalten unbewusst ein. Angenommen, eine Frau ist als Kind von ihrem Vater vielfach bloßgestellt und beißend kritisiert worden. Am Arbeitsplatz wird sie von einer Kollegin leicht hämisch kritisiert. Blitzschnell werden ihre tief sitzenden Gefühle von peinlicher Beschämung und hoffnungslosem Ungenügen geweckt und setzen sie erst einmal schachmatt. Doch trotz solch folgenschwerer Altlasten scheuen viele Erwachsene davor zurück, sich den Verwundungen ihrer Kindheit zuzuwenden. Und auch dies aus nachvollziehbaren Gründen:

Möglicherweise hält einen die unbewusste *Angst* ab: »Wird der Schmerz mich wieder überfluten und mit sich fortreißen? Es war so fürchterlich! Ich will nicht wieder untergehen!« Wer mit einer solchen Angst im Nacken lebt, wird alles Erdenkliche tun, um sich nicht der verborgenen Quelle seiner nächtlichen Alpträume und alltäglichen Kränkbarkeit zu nähern. Es kann aber auch sein, dass jemand seine ersten Lebensjahre und seine Eltern durch eine rosarot getönte Brille schöngefärbt sieht, um sich ein erträgliches Bild der eigenen Kindheit zu konstruieren. Erinnerungen, die dieses Bild gefährden würden, werden ausgeblendet, weil eine *Enttäuschung* unerträglich wäre, denn: »Wohin soll ich mit meinem Schmerz? Wohin mit meiner Wut und Bitterkeit? Wie soll ich angesichts dieses Scherbenhaufens neu zu mir selbst finden können? Woher die Kraft nehmen zu verzeihen? Und wie soll ich es jemals schaffen, mich selbst und mein Leben zu bejahen?«

Die genannten Befürchtungen und Gründe können dazu führen, das eigene Verletztsein abzuwehren. Und das ist völlig nachvollziehbar und berechtigt, aber es führt auf Dauer nicht weiter. Es kann daher sinnvoll sein, dass Sie auf Erkundungstour gehen und sich interessiert fragen: Welche von den genannten Motiven sind mir aus eigener Anschauung vertraut? Vielleicht kennen oder entdecken Sie manch einen der psychischen Widerstände bei sich selbst. In diesem Fall ginge es weder darum, Ihre Widerstände zu verurteilen, noch sie zu brechen. Vielmehr wird Ihnen durch das Wahrnehmen und Annehmen Ihrer abwehrenden Mechanismen möglich, dass Sie freier mit diesen umgehen. Sind diese Impulse Ihnen erst einmal bewusst geworden, verlieren sie wie von selbst etwas von ihrer Macht.

Die Flucht vor dem Schmerz
wird zur Falle

*H*eute sind mir die Augen aufgegangen! In einem Gespräch mit einem guten Bekannten musste ich einsehen, dass ich seit Monaten meine Augen vor dem Schmerz verschließe, den mir B.s kränkendes Verhalten zufügt. Sicher, es gab in den vergangenen Monaten einzelne Augenblicke, in denen sich in mir alles zusammenkrümmte und ich innerlich aufschrie, doch meistens habe ich überhaupt nicht gemerkt, wie weh es mir tat. Stattdessen habe ich mich blind in meine Arbeit gestürzt, und dies auf Kosten meiner Gesundheit. Wenn mich manchmal eine lähmende Traurigkeit überkam und ich in Selbstmitleid zu versinken drohte, hielt ich mich mit Appellen über Wasser wie: »Schau doch nicht auf das, was dich verletzt, sondern freu dich an dem, was in der Beziehung funktioniert.« Und schließlich habe ich meinen Schmerz kleingeredet mit der Beteuerung: »Ist doch halb so schlimm!« So wurde der Schmerz halbwegs erträglich – und ich musste an unserer Beziehung nichts verändern.

Während ich dies schreibe, erscheint dies alles so strategisch, aber das war es nicht. Vielleicht habe ich einfach die Zeit, die Stille, das Atemholen vor Gott und das Halt gebende Gespräch gebraucht, bis ich mich nun der Wahrheit stellen kann: Unsere Beziehung hat keine Zukunft mehr. Das tut entsetzlich weh und macht mir große Angst.

Wer eine Verletzung überspielt oder flieht, ist sie noch lange nicht los. Im Gegenteil: Gefühle und Erinnerungen, die nicht in der Helle des Bewusstseins gelebt werden, führen häufig ein höchst einflussreiches Schattenregiment. Sie melden sich in der Dunkelheit, etwa in schweren Träumen. Oder sie melden sich als Dunkelheit, als Depression, als unerklärliche Müdigkeit und Lustlosigkeit. Darüber hinaus kommen die aus dem Haus des Bewusstseins verwiesenen Kränkungsgefühle vielfach durch die Hintertür von Verhaltensmustern zurück. Oder sie machen sich in Form von psychosomatischen Beschwerden bemerkbar. So haben viele empirische Forschungen aufgewiesen: Nicht geheilte Kränkungsgefühle stehen in einem direkten Zusammenhang mit dem allgemeinen Gesundheitszustand, insbesondere mit koronaren Herzerkrankungen.

Auf dem heilenden Weg innerer Aussöhnung gibt es kein Vorbei an schmerzhaften Empfindungen und dunklen Gedanken! Daher ist es von Bedeutung, die eigenen Ausweichmanöver zu kennen, mittels derer wir Schmerz und Kränkungsgefühle vermeiden. Entsprechend lohnt es sich, darüber nachzudenken: Wie wehre ich mein Gekränktsein ab? Wie blockiert mein vermeidendes Verhalten meinen inneren Heilungsweg? Und schließlich: Sind andere von meinen Ausweichmanövern betroffen?

Ein Fluchtweg, auf dem ich persönlich gerne das Weite suche, besteht darin, dass ich meinen Schmerz leugne oder bagatellisiere – etwa, indem ich mir einrede: »Es ist eigentlich gar nicht so schlimm!« Bereits das Wort »eigentlich« ist hier recht vielsagend, weil es darauf hinweist, dass offenkundig manches gegen diese Selbstaufmunterung spricht. Aus Angst vor dem Ernst des Schmerzes und vor den notwendigen Konsequenzen nehme ich mich selbst nicht ernst.

Manche versuchen, den Gedanken an das verletzende Ereignis aus ihrem Bewusstsein zu bannen, indem sie sich ablenken. Aktivismus, Medienkonsum, Rauschmittel, Ständig-auf-Achse-Sein oder auch übermäßiger Schlaf sind beliebte Fluchthelfer, um sich selbst und der eigenen Not nicht zu begegnen.

Eine weitere Weise, den Schmerz auszublenden, besteht darin, dass wir die Person, die uns gekränkt hat, entschuldigen: »Sie hat es ›eigentlich‹ gar nicht so gemeint oder gewollt. Das war nur ein Versehen.« Wir nehmen den anderen in Schutz – letztlich, um uns selbst in Schutz zu nehmen. Denn es fällt leichter, eine Kränkung zu ertragen, die unwillentlich passiert ist, als eine bewusst intendierte.

Ein anderes Ausweichmanöver liegt in der zu schnellen, oberflächlichen Vergebung. Ganz rasch reden wir uns und dem anderen ein: »Es ist alles wieder gut!« Doch diese Welt, in der alles in schönster Ordnung ist, hat einen kleinen Haken: Sie existiert nicht. Die Flucht nach vorn führt ins Niemandsland. Und die Umgehungsstraßen, auf denen wir den negativen Gefühlen ausweichen, führen in Sackgassen. Es gibt auch eine spirituell gefärbte Variante dieser Weise, Leiden zu vermeiden: Der irrtümliche Glaube, wir müssen – um Gottes willen – der verletzenden Person sofort aus ganzem Herzen vergeben. Dabei wird das eigene Herz zur Mördergrube, in der Empfindungen wie Ärger oder Rachegefühle vergraben werden. Doch diese Gefühle gleichen Untoten, die keinen Frieden gefunden haben. Spätestens wenn wir der besagten Person begegnen, leben die Schatten in uns neu auf.

Es zeigt sich also: Es gibt nachvollziehbare und bisweilen sogar überlebenswichtige Vermeidungsstrategien. Diese Schutzmechanismen werden jedoch lebenshinderlich, wenn Empfindungen und Gedanken dauerhaft unterdrückt werden. Wenn ein Polizist seine kugelsichere Weste auch im Urlaub und im Bett trägt, so wird der ursprünglich sinnvolle Abwehrmechanismus zur Zwangsjacke. Ähnlich wird Lebendigkeit abgeschnitten, wenn wir uns auf Dauer gegen die eigene Wirklichkeit abschirmen und sie nicht an uns heranlassen. Das, was wir nicht zulassen, lässt uns nicht los – es hat uns in der Hand. Verletzte Gefühle, die wir aus dem Bewusstsein bannen, können nicht heilen. Lassen wir sie hingegen zu und geben ihnen Heimatrecht in uns, dann gehen wir einen entscheidenden Schritt auf dem Weg der inneren Aussöhnung.

»Zeige deine Wunde«
(Joseph Beuys)

»Zeige deine Wunde« – so lautete der Titel einer Rauminstallation von Joseph Beuys im Lenbachhaus in München. Die zu sehende »Leichenhalle« konfrontierte den Betrachter mit der eigenen Vergänglichkeit. Der Künstler kommentierte: »Zeige die Wunde, weil man die Krankheit offenbaren muss, die man heilen will.« So bleibt Beuys' Kunstwerk nicht bei der Verwundung stehen, sondern es enthält »Andeutungen, dass die Todesstarre überwunden werden kann«[4]. Beuys Installation gibt einen Wink, wie günstige Bedingungen zur Wundheilung aussehen: Eine äußere Wunde muss bluten können. Es muss Luft an sie herankommen. Sie muss vor Verunreinigung und Vergiftung geschützt werden und es braucht einen Verband, der regelmäßig gewechselt wird. Ich muss auch den Schmerz der Wunde wahrnehmen, um die Stelle in richtiger Weise zu schonen. Was auf Dauer krank macht, sind Wunden, an die zum Beispiel keine Luft kommt. Dies kann zu Entzündungen, Eiter, zu inneren Abszessen und Blutvergiftung führen.

Auch seelische Verwundungen heilen nur, wenn ich Luft an sie heranlasse, wenn sie ans Licht kommen dürfen. Daher beginnt der Weg der Vergebung damit, dass ich mich noch einmal um die allzu schnell zugepflasterte Wunde kümmere. Wenn ich mich bewusst erinnere, wie das damals genau war, wird manchmal erst der tief sitzende Schmerz spürbar … Oder die zerstörerische Wut … Erst jetzt geht mir möglicherweise auf, wie abschätzig oder hinterrücks ich behandelt worden bin oder wie sehr mich ein böses Wort getroffen hat. Vielleicht beginnt die Wunde auch noch einmal zu bluten und das Gift wird endlich herausgespült.

Dass diese innere Reise, die Sie an den Ort einer Verletzung zurückführt, Angst weckt, ist nachvollziehbar. Denn wer mag sich schon an das kränkende Ereignis erinnern und es emotional nacherleben? Wer will sich schon gerne beschämt, hilflos, elend, ausgeliefert, lächerlich, im Stich gelassen, ausgegrenzt fühlen … Doch der erste Schritt zur Heilung ist, innerlich zum »Ort« des Geschehens zurückzukehren und die eigene Wunde wahrzunehmen.

Aber, so werden Sie sich vielleicht fragen, wie soll das gehen? Zigtausendfach habe ich die Geschichte, mit der ich mich innerlich versöhnen will, doch schon durchgekaut und bin keinen Schritt weitergekommen! Folgende Hinweise und Fragen sollen eine Hilfe sein. Und wie bereits erwähnt, klärt und stärkt es, mit jemandem darüber ins Gespräch zu kommen und sich Notizen zu machen:

- Ich nehme mir Zeit und Ruhe und gehe zurück in die Situation, die für mich heute noch so schmerzlich ist. Wenn es sich um einen aktuellen Beziehungskonflikt handelt, so ist dieser häufig die Folge einer schier endlosen Kette gegenseitiger Kränkungen, die sich beispielsweise in einer Partnerschaft angesammelt haben. Auf dem Weg der inneren Aussöhnung kann es daher empfehlenswert sein, mit der zentralen Kränkung, die oft schon lange zurückliegt, zu beginnen. Das Übel wird gewissermaßen an der Wurzel angepackt.
- Ich rufe mir das Ereignis in all seinen Einzelheiten in Erinnerung (beteiligte Personen, Ort, Tageszeit, Umstände …) und lasse es wie einen inneren Film noch einmal ablaufen.
- Welche Gefühle stiegen damals in mir auf?
- Was hat mich geschmerzt? Was hat mich geärgert?
- Wo spür(t)e ich diese Gefühle in meinem Körper?
- Welche Gedanken und Fantasien tauchten auf?
- Was habe ich vermisst? Welche Wünsche und Erwartungen sind enttäuscht worden?
- Wo ordne ich auf einer Skala von eins (größter innerer Friede) bis zehn (größter innerer Unfriede) mein damaliges Befinden ein?
- Wie bin ich während oder kurz nach der Kränkung mit mir selbst umgegangen?

Sich einzugestehen: »Ja, ich bin verletzt!«, bringt oft Enttäuschungen mit sich. Vielleicht hatten Sie sich als cooler, ausgeglichener, reifer und abgeklärter eingeschätzt, als Sie es in Wirklichkeit sind. Unter Umständen müssen Sie auch einsehen, dass Sie unversöhnlicher sind, als Sie bisher wahrhaben wollten. Dass der Stachel noch tief sitzt. Doch Ihr wahrhaftiger und mutiger Blick auf Ihre Wunde ermöglicht auch, dass das vorher Eingeschlossene und Erstarrte nun frei fließen kann, bisweilen auch in der Form von Tränen.

Es ist ein seelisches Grundgesetz: Nur wenn wir fähig und bereit sind, uns selbst gegenüber wahrhaftig zu sein und den Schmerz, den uns jemand zugefügt hat, nochmals zuzulassen, können wir den Weg der Versöhnung gehen. Denn wir können nur das loslassen, was wir zuvor zugelassen, verstanden und angenommen haben. Es ist der gute Umgang mit dem eigenen Leiden, der es uns ermöglicht, uns selbst und andere gut leiden zu können.

Von einer solchen inneren Reise, die zum Ausgangspunkt der Kränkung zurückführt, berichtet die biblische Erzählung von Hagar (vgl. Genesis 16,1–14): Abrahams Magd namens Hagar ist vor einer unerträglichen und demütigenden Situation davongelaufen. Ihre Flucht vor dem Schmerz führt sie in die Wüste der Verzweiflung. Doch die Begegnung mit einem Engel hilft ihr, ihre eigene Geschichte wahrzunehmen und Schritt für Schritt auch anzunehmen. Der Engel fragt sie: »Woher kommst du? Und wohin gehst du?« Hagar erzählt dem Engel offen von ihrer schmerzlichen Erfahrung und von ihrer Flucht. Diese Selbstoffenbarung wird für sie zur Gottesoffenbarung. Gott zeigt sich ihr als der, »der nach mir schaut«. Dies ist der erste Gottesname, der einem in der Bibel begegnet: »El-Roi« (hebr.: der nach mir schaut)! Hagar hat erfahren, dass sie »vor Gottes Angesicht« ihre Enttäuschung, ihren Schmerz und ihre Scham zum Ausdruck bringen kann. Sie muss mit ihren negativen Erfahrungen nicht in der Wüste der Einsamkeit bleiben, sondern darf sich in einer liebenden Gegenwart vertrauensvoll zeigen. Von Gott an-geschaut kann sie ihre eigene Wirklichkeit anschauen und benennen. Diese Begegnung in der Wüste wird für sie zu einer Quelle neuer Lebendigkeit. Sie gibt dem Brunnen, den sie in der Einöde gefunden hat, den Gottesnamen »El-Roi«. Und sie kann in ihre Situation zurückkehren, aber verwandelt und mit dem Versprechen Gottes, dass dieser Weg fruchtbar werden wird.

Sind wir verletzt, ist es sehr heilsam, sich einem Men-schen offen und ehrlich anzuvertrauen. Wenn wir uns mit unserer Wunde jemandem zeigen, der gut zuhört und uns versteht, können wir erfahren: »Ich bin nicht allein in meinem Leid.« Denn darin liegt ja einer der qualvollen Aspekte einer Wunde: das Gefühl, diese Last allein tragen zu müssen. Wenn wir jemanden finden, der »ganz Ohr« ist und mitgeht – und zwar auch die dunklen, verworre-nen Pfade unseres Empfindens – dann kann ein solcher Mensch für uns zum Engel werden. Indem wir uns öffnen, wird sich auch die eigene schwierige Lebenssituation ein wenig öffnen. Es kann sich ein Fenster zum Licht auftun.

Die Bibel ist davon überzeugt: Gottes Ohr ist unserem Herzen nahe. Daher lädt sie ein, unser Herz vor Gott aus-zuschütten (Psalm 62,9). Wir brauchen nichts zu beschö-nigen oder außen vor zu lassen, sondern können alles, auch die negativen und schmerzenden Empfindungen im Gebet vor Gott ausbreiten. Gott ist der Raum, in dem alles Platz hat und sein darf. Und manchmal wird sich überra-schend eine Quelle von Hoffnung und Kraft auftun und es stellt sich das ahnende Empfinden ein, von innen her liebevoll angeschaut zu sein.

5

Die eigenen Gefühle spüren

Wer gekränkt wird, fühlt sich in seinem Selbstwert angegriffen und herabgesetzt. An diesem sensiblen Punkt verletzt zu werden, tut äußerst weh. Schmerz, Wut, Scham und Angst steigen auf. Doch oft wehren wir diese ursprünglichen Gefühle ab und neutralisieren sie durch »Sekundärempfindungen«. Dann verachten oder hassen wir den anderen, wir ziehen uns trotzig zurück oder hegen Rachefantasien, wir verstricken uns in Klage oder auch in Selbstanklage … Aber nur wer die unmittelbaren, vitalen Empfindungen aufmerksam fühlt, ihnen ein Wohnrecht in seinem Herzen gewährt und mit ihnen bewusst umgeht, nur der- oder diejenige findet aus dem Dickicht der Kränkungsgefühle heraus.

Im Kontakt mit den eigenen Gefühlen

Was sind Gefühle? Und wie sieht ein schöpferischer und heilender Umgang mit ihnen aus?

Fühlen ist das spontane, allererste innere Erleben der äußeren Umwelt. Diese blitzschnelle Reaktion des Gehirns bereitet auf ein unmittelbares Reagieren vor, das im weitesten Sinn dem Überleben dient. Das Sprichwort »Der Bauch ist schneller als der Kopf« weist darauf hin, dass uns – noch lange bevor wir im Kopf klar sind – Gefühle schon beeinflusst und gesteuert haben. Diese empfundenen Handlungstendenzen bewegen sich meist im Spektrum von angenehm bis unangenehm, positiv bis negativ, gefährlich bis ungefährlich. Entsprechend drängen Gefühle entweder zu etwas hin oder halten von etwas zurück, etwa die spontane, bewegende Kraft von Sympathie und Antipathie, Freude und Trauer, Begeisterung und Ekel, Stolz und Scham, Ärger und Hass. Die sogenannten »negativen« Gefühle haben dabei die Funktion von Alarmzeichen. Ähnlich wie die Kontroll-Leuchten im Auto machen sie auf eine Gefahr oder auf einen Mangel aufmerksam. Sie zeigen an, dass etwas nicht in Ordnung ist – und wollen eine Reaktion provozieren.[5]

Gefühle sind Energieträger und mobilisieren zum Handeln. Ja, sie lassen sich als Energiequellen des Lebens beschreiben: Gefühle sprudeln in uns Menschen hoch, steigen in uns auf und wollen fließen. Manchmal gleichen sie einem Gebirgsbach, dessen Wasser unaufhaltsam talwärts drängt. Setzen wir diese Energien konstruktiv ein, so werden sie zu Wasser auf unsere Mühlen. Wir können diese natürlichen Kräfte also kanalisieren und umwandeln, etwa in kreative Energie.

Manchmal treten Flüsse aber auch über die Ufer und es kommt zu verheerenden Hochwassern. In ähnlicher Weise vermögen Gefühle einen zu überfluten. Dann geraten wir aus »der Fassung«. Je tiefer eine Kränkung uns getroffen hat, umso heftigere Gefühlswellen können uns wegschwemmen: panische Angst, heftiger Zorn, feindselige Rachegefühle …

Die kraftvolle Wucht bestimmter Gefühle weckt Angst. Daher gibt es zuweilen den Versuch, sie möglichst vollständig unter Kontrolle zu bringen. In einem Bild ausgedrückt: Ein Staudamm schützt ein Tal vor einer plötzlichen Überflutung. Doch das wilde Gebirgswasser lässt sich nicht dauerhaft aufstauen. Entweder es kommt zu einem Dammbruch – dann bekommt beispielsweise jemand völlig überraschend einen zerstörerischen Wutanfall, vor dem er selbst und auch seine Umwelt erschrickt. Oder das Wasser sucht sich andere Bahnen, mäandriert, macht Umwege und gräbt sich unterirdisch seinen Lauf. Es tritt dann an ungeahnten Orten unkontrolliert wieder an die Oberfläche, während das offiziell zugelassene Bächlein nur ein schmales Rinnsal ist. Ähnliches gilt für uns, wenn wir unangenehme oder ängstigende Gefühle dauerhaft klein halten: Wir drosseln unser Leben. Wir haben vermeintlich alles im Griff, doch wie in einer ausgetrockneten Flusslandschaft, die schon lange kein Wasser mehr gesehen hat, verkümmert das Leben. Das kann so weit gehen, dass jemand ganz in seiner Kontrolle erstarrt. Ein solcher Mensch wirkt emotionslos und fühlt sich selbst innerlich wie versteinert – und kann sich meistens den Grund dafür nicht einmal erklären.

Die Überlegungen zeigen: Es gibt keine an sich »negativen« oder verachtenswerten Emotionen und Gefühle. Vielmehr stellen sie positive menschliche Energien dar, die kreativ, also lebensfördernd und beziehungsstiftend eingesetzt werden können. Sie können aber auch destruktiv, also lebensmindernd und zerstörerisch (aus)gelebt werden. Es kommt darauf an, verantwortlich mit den Gefühlen umzugehen, so dass diese nicht mit uns umgehen. Eine gute Gefühlskultur, die im Hintergrund des erstrebten Vergebungsprozesses steht, charakterisiert sich durch folgende Schritte. *Erstens:* Gefühle wahrnehmen. Das hört sich leichter an, als es bisweilen ist, und manchmal braucht es Zeit und geduldige Aufmerksamkeit, bis wir bestimmte Gefühle (wieder) zu spüren lernen. *Zweitens:* Gefühle benennen anstatt sie totzuschweigen, und versuchen, sie zu verstehen. Die meisten Menschen sind hier schnell mit Wertungen bei der Hand. Bestimmte Empfindungen und Gedanken werden begrüßt, andere werden verurteilt. Doch ohne ein empathisches und nicht wertendes Wahrnehmen und Verstehen laufen wir Gefahr, dass wir uns selbst verurteilen und damit den Zugang zu uns selbst verbauen.

Drittens: Die Gefühle akzeptieren als eine zu uns gehörende, positive Kraft – und zwar auch die schwierigen, scheinbar negativen Gefühle. Denn nur, was angenommen ist, kann integriert und erlöst werden. An diesem Punkt sei eine wichtige Unterscheidung in Erinnerung gerufen: Wir müssen differenzieren zwischen den Gefühlsimpulsen, die spontan und unmittelbar in uns aufsteigen, und der Art und Weise, wie wir mit ihnen umgehen, wie wir uns also verhalten. Ein Beispiel: Angst entsteht gewöhnlich durch eine Situation, die wir als bedrohlich erleben, etwa dass wir uns aggressiven Angriffen hilflos ausgeliefert fühlen. Wenn wir klar unterscheiden zwischen unserem Fühlen und Handeln und wenn wir unsere Angst innerlich zulassen und verstehen, dann werden wir einen Weg finden, der nicht in einer Sackgasse endet, so dass wir angstgetrieben zum Gegenangriff übergehen und neue Verletzungen verursachen.

Gefühle und Handlungstendenzen integrieren bedeutet, sie in einen größeren Lebens- und Sinnzusammenhang zu stellen und von dorther zu ordnen. Daher gehört *viertens* zu einer guten Gefühlskultur, darüber nachzudenken und zu entscheiden: »Wie will ich angesichts meiner Ziele und Werte mit meinen inneren Impulsen umgehen?«, um dann *fünftens* diesen Entschluss in die Tat umzusetzen.

Eine solche Umgangsweise mit der reichen und kraftvollen menschlichen Innenwelt erinnert an das Zähmen eines wildlebenden Tieres. Vielleicht empfinden auch Sie die folgende Metaphorik aus der christlichen Tradition erhellend und ermutigend: In der christlichen Spiritualität gibt es viele Geschichten von Heiligen, die ein wildes Tier gezähmt haben. Hieronymus wird mit dem Löwen dargestellt, Thekla mit einem Bären, Franziskus mit dem Wolf und Martha von Bethanien mit einem Drachen, den sie an einer Leine friedlich mit sich führt. Man kann diese Tiere als innere »wilde« Kräfte interpretieren, die zunächst bedrohlich erscheinen. Sie können über einen herfallen, sie können aber auch gezähmt werden. Heiligen ist es gelungen, mit diesen »wilden Tieren« Frieden zu schließen. Sie haben ihnen vielleicht einen Namen gegeben, mit ihnen geredet, sich mit ihnen vertraut gemacht. Auch haben sie darauf geachtet, ob dieses Tier verletzt ist. Hieronymus etwa stellte fest, dass in der Tatze des Löwen ein Dorn steckte. Er entfernte ihn, und der Löwe wurde heil.

Von Jesus wird berichtet, dass er in der Wüste mit den *wilden Tieren* lebte und dass ihm *Engel* dienten. Wir können diese Worte so deuten, dass auch Jesus in der Wüste mit seinen »wilden Tieren«, mit den Impulsen, Trieben und Energien in Berührung gekommen ist. Er hat sich mit ihnen vertraut gemacht – und sie begannen, ihm als Engel zu dienen. Wenn wir Gefühle nicht ignorieren und totschweigen, sondern sie als Kräfte des Lebens begreifen und annehmen, so können sie als »Engel« dienen: Sie werden zu Energien, die uns für Ziele und Werte kämpfen lassen. In der Kunst wird beispielsweise der Engel Michael oft als Kämpfer dargestellt. Sie werden zu Wegbegleitern, die einem das richtige Gespür geben, um Spuren und

Hinweise zu lesen, um Gefahren zu vermeiden und zum Ziel zu finden. Das ist etwa die Rolle des Engels Raphael im biblischen Buch Tobit. Sie werden zu Boten, die sagen, dass Gott bei uns ist und wir deshalb vertrauensvoll den Weg der Menschwerdung gehen dürfen. Man denke hier an die Worte des Engels Gabriel in der Weihnachtsgeschichte. Gefühle sind wie Boten Gottes, die uns etwas mitteilen wollen. Wenn sich Gefühle allerdings verabsolutieren, sind sie keine dienenden Kräfte mehr, sondern werden zu »Dämonen«, die einen Menschen besetzen.

An Gott glauben bedeutet, in der Gegenwart einer gütigen Macht zu leben, der wir vertrauen können. Hierbei kommt es nicht darauf an, dass wir vor Gott perfekt, sondern wahrhaftig sind. Der Philosoph Martin Buber übersetzt die Einladung Gottes an Abraham, ihm zu vertrauen, so: »Geh vor meinem Angesicht und sei ganz!« Eine ganzheitliche, menschlich gesunde und christlich authentische Spiritualität versucht nicht, durch eine vorschnelle Vergebung das eigene Menschsein mit seinen oft mühsamen Prozessen zu überspringen. Im Gegenteil: Der biblische Glaube ermutigt und bestärkt, die unterschiedlichen Gefühle und Gedanken – auch die unangenehmen, peinlichen und notvollen – wahrzunehmen, sie anzunehmen und sie dem Leben dienlich zu machen.

Der Ärger

*D*ass ich einen Fehler gemacht habe, weiß ich selbst. Und ich ärgere mich über mich und meine Unaufmerksamkeit. Aber dass M. mich gestern vor allen anderen genüsslich vorgeführt und lächerlich gemacht hat, das trifft mich ins Mark. Am liebsten hätte ich mich vor Scham in Luft aufgelöst. Zugleich packte mich eine unbändige Wut. Ich kochte innerlich und merkte, wie mir das Blut in den Kopf schoss und mein Puls zu rasen anfing. Warum stellt sie mich so bloß? Ich konnte mich nicht mehr beherrschen und fuhr M. an: »Was fällt dir ein, mich so anzugreifen? Scheinbar hast du es nötig!« Und verließ schnurstracks den Raum. Draußen schnappte ich erst einmal nach Luft. Ich war fassungslos. Aber ich spürte auch das befriedigende Gefühl, dass ich mir von M. nicht alles hatte bieten lassen.

Diese Geschichte hat mich heute den ganzen Tag über beschäftigt. Um mich ein wenig abzureagieren, nahm ich das Fahrrad und fuhr am Fluss entlang. Aber wie schnell ich auch fuhr: Ich entkam mir selber nicht. Immer wieder stand mir die gestrige Situation vor Augen. Ich diskutierte innerlich mit M. und führte mit ihr Wortgefechte, in denen ich ihr überlegen war.

Plötzlich fiel mir auf, dass ich schon viel weiter gefahren war, als ich eigentlich geplant hatte. Ich war derart in meinem endlosen Gedankenkarussell gefangen, dass ich die Außenwelt kaum noch wahrgenommen hatte. Es kam mir vor, als ob ein Autopilot den Lenker übernommen hätte, und ich selbst war ganz woanders. Und selbst als mir das aufging, lag die Natur, an der ich mich sonst oft so freue, wie hinter einer Glaswand. Das machte mich dann noch wütender auf M. – und auf mich selbst. Denn eigentlich sollte ich doch viel lockerer sein und über einer derart lächerlichen Geschichte stehen!

　　　　　　　　　　　　　Die eigenen Gefühle spüren

Warum wir uns schwertun mit dem Ärger

Je nach Veranlagung und Biografie neigen Menschen zu unterschiedlichen Reaktionen, wenn sie verletzt werden. Die einen richten ihre Wut eher nach außen und laufen Gefahr, ihre Mitmenschen aggressiv zu überfahren. Andere wenden ihre unterdrückte Aggression vor allem gegen sich selbst. Sie ergehen sich in Selbstvorwürfen und ziehen sich depressiv zurück. Doch beide Alternativen lösen weder den kränkenden Konflikt noch heilen sie die eigenen Wunden.

Angesichts dieser Sackgassen überrascht es nicht, dass für den Psychologie-Professor und bekannten Vergebensforscher Robert D. Enright der Beginn des inneren Aussöhnungsweges darin liegt, die eigene Wut in ihrer Vielschichtigkeit freizulegen. Denn zum einen wohnt der Wut eine wichtige Kraft für den Aussöhnungsprozess inne. Zum anderen vermag der Prozess des Vergebens destruktive Formen von Aggression – wie etwa die gerade genannten – in lebensförderliche Energien zu verwandeln.

Diese befreiende und verwandelnde Kraft des Vergebens ist vielfach der Grund, warum sich Menschen auf den Weg der Vergebung machen. Sie wollen ihre Wut nicht mehr länger mit sich herumschleppen. Sie sind es leid, dem anderen sein kränkendes Verhalten grollend nachzutragen, denn der Preis, den sie dafür zahlen, ist einfach zu hoch. Vielleicht kennen auch Sie manche der folgenden belastenden Erfahrungen: Von einem Vorkommnis tief gekränkt finde ich mich immer wieder in einer wütenden inneren Zwiesprache mit dem Übeltäter vor – ob ich nun auf die U-Bahn warte, den Computer hochfahre, Zeitung lese ... Oder ich tröste mich mit wilden Fantasien darüber, was ich alles mit ihm anstellen könnte! Möglicherweise wälze ich mich auch schlaflos im Bett und mein Ärger wird immer ärger. Am Ende ärgere ich mich sogar noch darüber, dass ich mich so ärgere.

Sich »richtig« zu ärgern ist nicht leicht. Viele tun sich daher schwer mit Ärger und Wut und vermeiden diese unangenehmen Gefühle. Woher kommt der Versuch, diese Empfindungen abzuwehren? Ein wesentlicher Anlass liegt in ihrer offenkundig zerstörerischen *Gewalt.* Ein realistischer Blick auf unsere Welt sowohl im Nahbereich als auch im globalen Zusammenhang zeigt, wie schädigend, ja vernichtend Wut und Hass sein können! Besonders fatal ist, dass Wut sich fortpflanzt: von einem zum anderen, von einer Generation zur nächsten. »Berechtigte« Vergeltung für ein erlittenes Unrecht schafft neue Opfer, die dann wiederum wütend Vergeltung fordern ...

Ein anderer Grund, warum viele von uns Gefühle wie Ärger und Hass ausblenden, liegt in der *Erziehung.* Häufig wurden nämlich diese Empfindungen mit einem negativen Vorzeichen versehen. Als Kinder mussten wir lernen, dass wir nicht zornig auf den Boden stampfen oder vor Wut einen Teller an die Wand schmeißen dürfen. Ja, vielleicht bekamen wir auch eingetrichtert, dass wir uns moralisch schlecht zu fühlen haben, wenn wir solche Gefühle empfinden oder wenn wir sie gar zeigen und ausagieren. Wir wurden des Zimmers verwiesen oder wie Luft behandelt, bis wir wieder ein freundliches Gesicht machten. Wenn wir in einem solchen Umfeld aufgewachsen sind, dann liegt es nahe, dass wir mit der Zeit unsere heftigen Gefühle in die Dunkelkammern unseres inneren Hauses weggesperrt und zu einem Schattendasein unterhalb der Bewusstseinsgrenze verbannt haben.

Eine andere Triebfeder, warum Menschen aggressive Impulse abwehren, kann darin liegen, dass sie als Kinder

Gewalt erleben mussten. Sie wurden vom jähzornigen Vater oder der betrunkenen Mutter verprügelt, in den dunklen Keller gesperrt oder erlitten andere Formen von physischer und psychischer Gewalt. Hilflos waren sie diesen Erfahrungen und den eigenen Gefühlen von Verlassenheit und Todesangst ausgeliefert. Es wundert nicht, wenn ihnen aggressive Gefühle dann auch als Erwachsene Angst machen und sie entsprechende Impulse ausblenden.

Vielfach vermeiden wir Menschen unbewusst unsere aggressiven Impulse, weil wir deren vitale *Wucht* erahnen oder kennen, denn: »Wer weiß, was alles passiert, wenn ich meine Wut zulasse? Werde ich es hinterher nicht bereuen?« Wir befürchten, uns nicht beherrschen zu können, sondern am Ende von unserer Wut beherrscht zu werden – und unterdrücken sie daher. Haben wir darüber hinaus die Vorstellung, dass sich *Freundschaft* und aggressive Regungen gegenseitig ausschließen, dann werden wir aufgrund dieser verkürzten Auffassung von Liebe heftige Gefühle wie Wut und Zorn ablehnen.

Schließlich gibt es noch einen weiteren wichtigen Beweggrund, warum sich viele mit aggressiven Impulsen schwertun: Wir alle haben den Wunsch nach Geborgenheit und Freundschaft, nach Lieben und Geliebtwerden. Dem stehen nun aber unsere Gefühle wie Ärger, Groll, Frustration und Enttäuschung diametral entgegen. Diese einander widerstreitenden Impulse führen zu *inneren Spannungen.* Oft wird dieser innerpsychische Konflikt dadurch »gelöst«, dass wir die Störenfriede der gewünschten Harmonie, also die aggressiven Empfindungen, negativ beurteilen und sie um des lieben Friedens willen hinunterschlucken. Doch über kurz oder lang schlägt uns die Wut auf den Magen und sorgt für Unbehagen.

Vor diesem Hintergrund wird nachvollziehbar, warum Robert D. Enright aufgrund seiner langjährigen Studien und therapeutischen Seminare zu dem Schluss kommt: Ein äußerst schwieriger Schritt auf dem Weg der Vergebung besteht darin, sich einzugestehen, dass eine erlittene Kränkung Ärger ausgelöst hat. Nur dann kann man diesen auch konstruktiv leben.

Im Folgenden bieten sich einige Fragen an, die den Blick darauf richten, ob und wie Sie möglicherweise versuchen, eine Konfrontation mit Ihrer Wut zu vermeiden. Erneut geht es bei den Überlegungen nicht darum, dass Sie Ihre Schutzmechanismen verurteilen. Denn diese haben Sie lebensgeschichtlich erlernt und eingeübt. Wenn Sie jedoch mit einem wohlwollend-interessierten Blick auf Ihren Umgang mit Wut und Aggression sehen, werden Sie vielleicht bislang unerkannte Verhaltensmuster entdecken – und Sie werden möglicherweise den Preis erkennen, den Sie und andere zahlen. Dies ist ein wichtiger Schritt auf dem Weg in eine größere und versöhntere Freiheit.

- Entdecke ich im Umgang mit dem mich kränkenden Ereignis Mechanismen, mit denen ich Ärger und Wut abwehre? Wie versuche ich, diese Gefühle zu vermeiden?
- Was können Gründe sein, warum ich aggressive Gefühle scheue? Sind mir einige von den oben genannten Motiven aus eigener Erfahrung vertraut?
- Welchen Preis zahle ich für die Abwehr meiner Wut? Spüre ich gesundheitliche Folgen?
- Werden andere durch mein Vermeidungsverhalten in Mitleidenschaft gezogen?

Die eigenen Gefühle spüren

Mensch ärgere dich ~~nicht~~. Oder: Vom Sinn des Ärgers

Blinder Zorn und rasende Wut sind zerstörerisch. Das tun bereits Redewendungen kund wie: »Ich habe eine Mordswut und könnte vor Zorn explodieren.« Doch aggressive Empfindungen ausschließlich negativ zu beurteilen, ist eine verkürzte und einseitige Sicht. Denn sie haben lebenswichtige Funktionen – gerade und besonders in Konflikt- und Kränkungssituationen.

Es ist normal und gesund, mit Ärger zu reagieren, wenn Sie angegriffen werden. Denn der Ärger motiviert dazu, dass Sie für Ihre Selbstachtung kämpfen und sich schützen. Er funktioniert wie eine Art Bewegungsmelder, der bei Grenzüberschreitungen eine Sirene auslöst. Diese warnt Sie, wenn Ihnen jemand zu nahe tritt und in Ihr »innerpsychisches Revier« einbricht. So macht Sie der Ärger darauf aufmerksam, dass Sie Ihre Grenzen neu definieren, erweitern oder »einfach nur« verteidigen müssen. Und er befähigt Sie, den Eindringling in seine Schranken zu verweisen, zum Beispiel indem Sie Ihre eigenen Bedürfnisse oder Werte wahrnehmen und im richtigen Augenblick »Stopp!« sagen.

Hier wird deutlich: Ärger steht auch im Dienst gelingender Beziehungen. Denn im Zusammenspiel mit Zuneigung und Liebe versetzt er uns in die Lage, das Verhältnis von Nähe und Distanz richtig auszubalancieren. Darüber hinaus gibt er die Kraft, Kommunikationshindernisse aus dem Weg zu räumen. Auch wenn es auf den ersten Blick erstaunlich erscheint: Ein gut adressierter Ärger drückt aus, dass der andere uns nicht gleichgültig ist, sondern dass uns an der Beziehung etwas liegt. Die Angst davor, Schmerz und Ärger zu zeigen, droht eine Beziehung schleichend zu zerstören, wohingegen Freundschaft oder Liebe sich vertiefen können, wenn auch der Zorn seinen Raum hat. »Wer nie im Zorn erglühte, kennt auch die Liebe nicht« (Erich Moritz Arndt). Ein ordentlicher Streit trägt manchmal dazu bei, die Atmosphäre zu reinigen. Nach einem Gewitter lässt sich wieder freier atmen.

Und schließlich reagieren wir zu Recht mit Wut, wenn wir Ungerechtigkeit wahrnehmen. Wut wirkt wie eine Oppositionsenergie, die uns mobilisiert, für die Rechte anderer zu kämpfen, Probleme anzupacken und uns für eine gerechtere Welt einzusetzen.

Sind wir gekränkt worden und wollen wir einen Weg der inneren Aussöhnung gehen, dann gibt es keinen Schleichweg an Wut und Ärger vorbei. Erst wenn wir unsere Entrüstung zulassen – wenn wir unseren empörten Gefühlen bewusst zuhören und mit ihnen »ins Gespräch kommen« – erst dann werden wir fähig zur Ent-Rüstung. Erst dann werden wir unsere Munition – etwa in der Form von Vorwürfen, Beschuldigungen oder Vergeltungsmaßnahmen – wirklich ablegen können. Alles andere wäre lediglich ein fauler Friede.

Dies gilt auch aus spiritueller Perspektive. Doch leider haben in christlichen Kreisen Ärger und Wut oft kein Heimatrecht. Im Namen der Vergebung wird die Wut verteufelt und man meint, seinen Ärger um des »lieben Friedens willen« ausradieren zu müssen. Dieser »Harmonieterror« hat geschichtliche Wurzeln: Im Widerspruch zum ganzheitlichen Menschenbild der Bibel gerieten im Lauf der Zeit bestimmte Gefühle in Misskredit. Vor allem Empfindungen wie Ärger, Zorn, Wut und Hass werden mit Sünde gleichgesetzt, die ein himmlisches Donnerwetter nach sich ziehen. Während Sanftmut, Freundlichkeit und

Die eigenen Gefühle spüren

Friedfertigkeit als christliche Ideale mit einem Heiligenschein umgeben werden, dürfen aggressive Impulse gar nicht erst hochkommen. Doch das ist aus mehreren Gründen eine einseitige, falsche Sichtweise. Zum einen fallen die lebensförderlichen und konstruktiven Seiten der Aggression völlig unter den Tisch. Zum anderen werden die problematischen Aspekte von Sanftmut, Freundlichkeit und Friedfertigkeit wie etwa die ängstliche Harmonisierung und Konfliktvermeidung übersehen. Die Urkunde des christlichen Glaubens – die Bibel – spricht da eine ganz andere Sprache!

Gibt es einen »heiligen Zorn«?

Der Gott der Bibel wirft den Mächtigen voller Zorn ihre ungerechte Gewalt vor. Insbesondere in den prophetischen Überlieferungen wird die Hoffnung, ja die Überzeugung zum Ausdruck gebracht, dass Gott sich auf die Seite der Leidenden stellt. In vielen Psalmen kommen überdies die Unterdrückten selbst zu Wort. Nach der Interpretation von René Girard sind die Psalmen vielleicht sogar die ältesten Texte der Menschheit, die den Opfern und nicht den Verfolgern das Wort geben. Mit bisweilen scharfen Worten klagen die Opfer die Übeltäter an und verfluchen sie. Ungeschminkt drücken sie Wut, Ärger und Hass aus und bestürmen Gott, dass er ihnen Kraft und Mut verleihe und dass er ihre Gegner zugrunde richte.

Es ist nachvollziehbar, dass es manchen schwerfällt, die Psalmen heute als Gebet zu sprechen. Ja, manchen »frommen Ohren« klingen die ungeschminkten Gefühlsausbrüche skandalös. Vielleicht lassen sich die Psalmen leichter mitbeten, wenn wir uns klarmachen, dass sich in diesen Texten geistesgeschichtlich etwas völlig Neues Bahn bricht: Die Opfer, die unter Gewalt und Unrecht leiden, kommen hier erstmalig zu Wort, und dies mit der ganzen Bandbreite ihrer Emotionen. Und: Sie rächen sich nicht selbst, sondern delegieren ihre Rache an Gott – denn sie sind überzeugt, dass ihre Angelegenheit bei ihm »in guten Händen« ist.

Der Psalter, das klassische Gebetbuch der Bibel, ermutigt dazu, dass auch wir unsere Masken und Filter vor Gott ablegen und alles zum Ausdruck bringen, was wir empfinden – ganz im Sinne von Martin Luther, der betont: »Das ist das Wichtigste am Gebet: dass der Mensch wenigstens dort nicht lügt.« Wenn wir unsere Hassgefühle und Rachefantasie ins Gebet nehmen, geben wir ihnen nicht das letzte Wort. Vielmehr lassen wir sie los in der Hoffnung, dass jenseits aller Dinge ein Herz ist, das alle Widersprüche vereinen kann (Graham Greene).

Schließlich kennt die Bibel auch den Eifer für Gott, den Zorn um Gottes willen. Die Evangelien berichten, dass Jesus Händler und Geldwechsler zornentbrannt aus dem Tempel von Jerusalem vertrieben und ihre Tische umgestoßen hat. Weil die Verehrung Gottes zu den zentralen Werten Jesu gehörte, kämpfte er dagegen, dass der Tempel als Markthalle missbraucht wird (vgl. Markus 11,15–19). In dem sehenswerten Film »Jesus von Montreal« wird die sogenannte »Tempelreinigung« aktualisierend gedeutet: Eine Frau steckt in finanziellen Problemen. Ihre Notlage wird von Filmproduzenten ausgenutzt, die sie nötigen, ihren Körper für ein Medienprojekt pornografisch zu vermarkten. Den Protagonisten der Handlung, Daniel Coulombe, packt der Zorn. Er wirft die Kameras und Scheinwerfer um und fährt die Medienleute wütend an. Er stellt sich auf die Seite der Frau und ermutigt sie, aus dieser entwürdigenden Zwangslage auszusteigen. Diese Film-szene verknüpft die Auseinandersetzung Jesu im Tempel offenkundig mit einem Gedanken des Apostels Paulus. Paulus schreibt in seinem ersten Brief an die Korinther: »Ihr seid ein Tempel Gottes, denn in euch wohnt sein Geist« (vgl. Kapitel 6,19). Der Tempel, der im Film miss-braucht wird, ist der Körper der Frau, ist die Frau selbst. Diese Interpretation der Tempelreinigung ist äußerst tref-fend und anregend: Überall, wo Menschen in ihrer Wür-de nicht geachtet oder ihnen Lebensrechte vorenthalten werden, wird der Tempel Gottes entweiht. Überall, wo Menschen willentlich verzweckt oder verletzt werden, wird Gott missachtet. Und überall, wo wir kraftvoll und durchaus zornig für die verletzten Rechte von anderen oder von uns selbst eintreten, achten wir zugleich Gott. Der Eifer für Gott und für die Menschen sind in der Bibel zwei Seiten einer Medaille.

Die ungesunde Wut

Wenn wir uns »richtig« ärgern, gestalten wir unsere ag-gressiven Impulse lebensfördernd und beziehungsstif-tend und lassen uns zu Zivilcourage und Engagement an-stiften. Es gibt aber auch eine krank machende Wut. Wer seinen Ärger über eine Kränkung herunterschluckt, ist diesen noch lange nicht los. Die Folgeerscheinungen von unverdautem Ärger sind vielfältig: Schadenfreude oder kalter Zynismus, Verachtung, starre Vorurteile oder bis-sige Kritik machen einem selbst und anderen das Leben schwer. Wenn ich meinen Ärger immer wieder unter den Teppich kehre, stolpere ich irgendwann darüber. Dann kommt es beispielsweise zu unkontrollierten Wutausbrüchen oder der Ärger richtet sich gegen völlig Unbeteiligte.

Wut wird ebenso zum Problem, wenn ich auf rächende Schädigung ziele anstatt auf Gerechtigkeit. Wenn ich erst zufrieden bin, wenn mein Gegner k.o. am Boden liegt. Oder wenn meine Wut in keinem Verhältnis mehr zur Ursache steht und diese mich blind wüten lässt.

In umgekehrter Richtung kann Wut aber auch zu selbstschädigendem Verhalten führen – etwa, wenn ich mich mit Selbstvorwürfen zerfleische, permanent unzufrieden mit mir bin oder mich körperlich selbst verletze. Der Ärger, der sich eigentlich gegen die verletzende Person richtet, fällt auf mich selbst zurück. »Ich ärgere *mich*.« Auch die psychische Volkskrankheit Nummer Eins, die Depression, wurzelt vielfach in blockierter oder gebremster Aggression. Die Kränkung macht krank. Eindrücklich belegen auch viele Studien, welch negativen Einfluss ungesunde Wut auf die körperliche Gesundheit haben kann.

Wenn wir unseren Ärger über eine Kränkung unterdrücken und dem Schmerz ausweichen, verstärken sich fatalerweise unsere aggressiven Impulse. Der einstige Ärger kann sich in einen festsitzenden Groll wandeln, der nicht mehr weicht. Unser ursprüngliches, akutes Leiden wird zu einem chronischen Zürnen und eine Atmosphäre der Feindlichkeit legt sich über alles. Ja, wenn wir Schmerz und Trauer nicht zulassen, können sie sich in ätzenden Hass verwandeln. »Wer nicht leiden will, muss hassen«, lautet ein bekannter Buchtitel des Psychoanalytikers Horst-Eberhard Richter. Offenkundig flüchten wir Menschen häufig lieber in Groll oder Hass, als dass wir spüren, wie sehr uns eine Verletzung wehtut.

Hass ist etwas Fürchterliches! Er kann einen innerlich

völlig besetzen: Kaum ein Tag vergeht, an dem die Verletzung nicht wieder und wieder durchgespielt wird und Rachefantasien und Anklagen endlos wiederkehren. Dieses Gedankenkino ist ein immenser Stressfaktor! Wenigen ist bewusst, dass Hass ebenso stark an einen anderen Menschen binden kann wie Liebe. Der andere ist einem – bloß unter negativen Vorzeichen – ständig präsent. Der Wunsch, ihn endlich loszuwerden, kann zu physischer Gewalt, zu Mord und Totschlag führen. Doch auch wenn es nicht so weit kommt, bringt Hass in ein Gefängnis: Wir meinen, den anderen in Schach zu halten, rauben uns aber selbst zunehmend die Freiheit. Vom Hass besessen sperren wir uns ein in eine feindselige Haltung, die uns vom Leben und seiner Leichtigkeit ausschließt. Ja, es kann sogar ein tiefer Groll gegen das Leben selbst wachsen, das einem so viel Hässliches zugemutet hat. Unsere Vergangenheit hat unsere Gegenwart fest im Griff.

Doch die Erfahrung, dass Unversöhnlichkeit und Groll, Hass und Anklage wie vier Wände einer Kerkerzelle sind, in die wir uns selbst einschließen, kann zu einer Schlüsselerfahrung werden. Denn sie weist den Weg zur befreienden Einsicht: »Ich selbst habe Schlüssel in der Hand, mit denen ich mir den Weg zu einem größeren Frieden mit mir und anderen aufschließen kann.« Eine solche Einsicht stärkt und wirkt bereits befreiend. Denn wir sehen uns nicht mehr bloß als Opfer, sondern spüren auch die Kraft, selbst etwas in die Hand nehmen und handeln zu können.

Auf dem Weg der inneren Aussöhnung müssen wir uns unserem Ärger stellen. Vielleicht haben Sie den Eindruck, dass Sie dies noch viel weiter wegbringt von dem angestrebten Ziel, dem anderen vergeben zu können. Doch nur, wenn Sie Ihre Wut und die möglicherweise zerstörerischen Hassgefühle wahrnehmen, wenn Sie diese nacherleben, benennen und verstehen lernen, werden Sie mit der Zeit frei(er) davon.

Nachdem Sie sich bereits damit beschäftigt haben, ob und wie Sie eine Konfrontation mit Ihrer Kränkungswut vermeiden, richten folgende Fragen den Blick nun darauf, wie stark Ihre Wut ist und wie tief sie sitzt.

- Werde ich wütend, wenn ich mir das kränkende Ereignis in Erinnerung rufe?
- Wie schätze ich meine Wut auf die Person, die mich verletzt hat, ein: als leichten Unmut, als Ärger, als unversöhnlichen Hass oder als etwas dazwischen? Auf einer Skala von 1 bis 10 steht 1 für »überhaupt nicht ärgerlich« und 10 für »extrem wütend«. Wo stufe ich auf dieser Skala meine Wut ein?
- Wie lange bin ich wegen der Sache schon wütend oder voller Hass: Tage, Monate, Jahre? Hat sich meine Wut im Lauf der Zeit gesteigert oder ist sie schwächer geworden?
- Denke ich oft über die erlittene Kränkung und die verletzende Person nach? Welcher Art sind diese Gedanken?
- Angenommen, ich habe 100 Energieeinheiten pro Tag: Wie viele dieser Einheiten verwende ich für wütende innere Zwiesprachen, Rachefantasien oder feindselige Verhaltensweisen? Was enthalte ich mir dadurch vor, dass ich an meiner Wut festhalte?
- Welchen Schaden habe ich mir oder anderen durch meine Wut schon zugefügt? Fühle ich mich aufgrund meiner Wut erschöpft oder krank?

Es kann hilfreich sein, dass Sie sich Ihre Wut gezielt von der Seele schreiben – eventuell sogar in Form eines Briefes an die verletzende Person. Teilen Sie ihr in diesem Brief – den Sie nicht abschicken – mit, warum Sie wütend sind, wie sich Ihre Wut anfühlt, wie groß sie ist und welche Einsichten Ihnen über Ihre Wut inzwischen aufgegangen sind. Halten Sie sich nicht lang bei Formulierungen auf. Papier ist geduldig ... Und selbstverständlich empfehlen sich Gespräche mit der Person, die Sie auf Ihrem Vergebungsweg begleitet.

Das ganze Geschehen erleben Sie möglicherweise momentan als belastend, notvoll und mühsam. Und in der Tat führt der Weg zur Vergebung an zahlreiche dornige Stellen heran. Ins eigene Herz zu schauen fällt manchmal äußerst schwer – und doch lebt wohl in uns allen die Ahnung, wie nützlich und heilsam das ist!

Die Scham

Eine Kränkung weckt immer Gefühle von Scham und Demütigung. Denn wie bereits ausgeführt, mindert oder schwächt sie unser Selbstwertgefühl, indem sie den Eindruck vermittelt: »Du bist es mir nicht wert, dass ich respektvoll und anständig mit dir umgehe.« Unser »innerpsychisches Revier« – also das, was wir für unsere Identität als bedeutsam ansehen – wird attackiert. Werden wir derart in unserer körperlichen, seelischen oder geistigen Integrität verletzt, dann führt dies zu Schamgefühlen. Vergeben zu wollen, ohne sich die Scham und Demütigung bewusst zu machen, geht nicht. Der Psychoanalytiker Jean Monbourquette betrachtet es als die größte Herausforderung während der emotionalen Phase der Vergebung, das tiefe »Gefühl der Scham anzuerkennen, um es anzunehmen, zu relativieren, zu verdauen und zu integrieren.«[6] Gezähmt werde es nicht nur erträglich, sondern sensibilisiere für die Ohnmacht und die Grenzen der Mitmenschen. Eine Schwierigkeit sieht Monbourquette darin, das Gefühl der Scham überhaupt wahrzunehmen, da es sich häufig unter Masken verstecke, etwa hinter Wut oder Machtstreben, hinter Perfektionismus oder der Neigung, sich ewig als Opfer zu empfinden.

Hier deutet sich bereits an, dass Schamgefühle schnell verdrängt werden, da sie schier unerträglich sind. Wer sich schämt, möchte am liebsten im Boden versinken oder sich in Luft auflösen. Genau genommen besagen diese Redewendungen, dass hier jemand vor Scham gar nicht mehr existieren möchte – zumindest vor den Augen anderer. Denn es ist schrecklich, den Eindruck zu haben: »Ich stehe völlig nackt und entblößt vor den anderen da. Meine Verletzlichkeit und meine Schwächen liegen vor aller Welt offen zu Tage.« Ein solches Empfinden weckt die Angst, von den anderen verlacht oder abgelehnt zu werden. Körperlich drückt sich Scham etwa dadurch aus, dass jemand zusammensackt, den Kopf senkt und die Augen niederschlägt oder dass seine Gesichtszüge zu einer Maske erstarren. Manche erröten und beginnen zu schwitzen. Sie bekommen kein Wort mehr heraus oder beginnen zu stottern. Andere lachen verlegen und versuchen, mit einem Redeschwall die beschämende Situation zu überspielen.

Angesichts dieses schwierigen und weitgehend negativ bewerteten Gefühls stellt sich die Frage: Worin liegt

Die eigenen Gefühle spüren

der *Sinn* von Scham? Welche *Funktionen* hat sie? Zunächst lässt sich feststellen: Scham ist eine spezifisch menschliche Reaktion. Kein Tier errötet. Nur Menschen verspüren Scham, wenn sie in ihrer physischen, psychischen oder geistigen Integrität verletzt werden. In diesem Sinne betont Herbert Marcuse: »Ich möchte sagen, dass Scham etwas Positives und Authentisches ist. Es gibt Qualitäten und Dimensionen des menschlichen Wesens, die sein eigener Besitz sind.«[7] Wir Menschen schämen uns also nicht nur wegen unserer Fehler. Vielmehr braucht gerade der spezifische »eigene Besitz« – die körperliche Intimität und der innere Reichtum, also das, was einem wertvoll und heilig ist – den Schutz durch das Schamgefühl. Das Schamgefühl macht auf den Intimbereich von uns selbst und von anderen aufmerksam, den es zu schützen und zu achten gilt. Es hütet die tiefen Überzeugungen und die innere Echtheit eines Menschen, seine körperlichen und seelischen Grenzen. Daher steht die Scham auch im Dienst des rechten Maßes: Sie verleiht ein diskretes Gespür dafür, wie weit wir uns zeigen können und wo wir uns umgekehrt »bedeckt halten« sollen. Und sie verleiht uns im Umgang mit Mitmenschen taktvolle Behutsamkeit und achtsame Scheu.

Erlittene Kränkungen verletzen nun genau unsere Intimitätsgrenzen und wecken entsprechende Schamgefühle. Scham kann somit als Signal gelesen werden, dass wir unsere Grenzen besser schützen sollen. Und sie lässt sich als ein Appell an den anderen deuten, dass er die Beziehung doch bitte nicht zerstöre, sondern taktvoll den nötigen Abstand wahre und unsere Würde respektiere.

Zu diesen lebensförderlichen Botschaften von Scham vorzudringen ist freilich nicht leicht. Es tut nämlich äußerst weh, wenn die Scham aufzeigt, wie verletzlich das eigene Ich ist! Dazu kommt, dass kränkende Konflikte häufig mit *Beschämung* verbunden sind – und beschämt zu werden schlägt oft tiefere Wunden als körperliche Verletzungen. Denn die Scham über die erlittene Erniedrigung schwächt unser Selbstwertgefühl. Darüber hinaus führt die empfundene Herabsetzung vielfach auch noch dazu, dass wir uns selbst entwerten – etwa mit Selbstvorwürfen wie: »Warum habe ich mich nicht besser gewehrt? Ich schäme mich, dass ich dem anderen so auf den Leim gegangen bin. Hoffentlich bekommt niemand mit, was mir passiert ist. Das wäre mir höchst peinlich!« Es ist tragisch, dass sich Opfer von traumatisierender Gewalt häufig auch noch dafür schämen, dass sie Opfer geworden sind und sich nicht genügend zur Wehr gesetzt haben. Sie fühlen sich selbst (mit)schuldig für das Geschehen und verletzten sich – zusätzlich zu allem Erlittenen – dadurch noch einmal selbst.

Hier werden Scham- und Schuldgefühle miteinander verwechselt – eine Verwechslung, die recht vielen passiert. Doch die beiden Gefühle haben weder denselben Ursprung noch dieselbe Funktion. Ein gesundes *Schuldgefühl* entsteht, wenn ich erkenne, dass ich im Widerspruch zu den eigenen ethischen Wertmaßstäben gehandelt habe. Es signalisiert, dass ich eine Grenze zum Schaden anderer oder meiner selbst überschritten habe. In der Folge drängen mich Gewissensbisse dazu, dass ich mein Verhalten ändere. Die *Scham* hingegen ist das Empfinden, dass mein Innerstes entblößt und preisgegeben ist und meine Schwächen ans Licht der Öffentlichkeit gezerrt sind. Ich fühle mich bloßgestellt und blamiert und habe Angst vor dem geifernden Spott anderer.

Kein Wunder, dass Schamgefühle so schnell wie möglich verdrängt werden! Monbourquette spricht von Masken, unter denen sich Schamgefühle verstecken können: Weil es mir peinlich ist, dass andere meine Schwächen und Verletztheiten sehen, gehe ich möglicherweise zum wütenden, heftigen Gegenangriff über. Oder ich will cool und unangreifbar wirken, ja, trete vielleicht sogar besonders schamlos und unverschämt auf. Unter Umständen versuche ich, mich vor weiteren Schamgefühlen zu schützen, indem ich nach Macht strebe. Denn wenn ich andere in der Hand habe, dann können sie mich nicht mehr angreifen und beschämen. Innerseelisch verdeckt mein Empfinden von Stärke und Überlegenheit zugleich mein Ohnmachtsgefühl, das aus der Scham resultiert.

Eine weitere Maske, unter der sich Scham verbergen kann, ist eine scheinbare Großmut. Ich zeige mich extrem gönnerhaft und vergebe der Person, die mich verletzt hat, obwohl diese sich so erbärmlich verhalten hat. So kann ich ihr und anderen meine Seelengröße vor Augen führen und mich selbst im eigenen inneren Spiegelkabinett an meinem »edlen Sinn« ergötzen. Indem ich mich dem Übeltäter moralisch oder spirituell überlegen fühle, überspiele ich meine Scham und Selbstablehnung. Zugleich mache ich diesen durch eine solche »Vergebung«, hinter der sich viel Verachtung verbirgt, klein.

Kränkungen lösen das schwer erträgliche Empfinden von Scham aus. Für den Weg der Vergebung ist es freilich notwendig, mit diesem Gefühl in Kontakt zu kommen. Daher gilt es, die nachvollziehbaren, aber auf Dauer hinderlichen Schutzmechanismen schrittweise hinter sich zu lassen. Folgende Fragen wollen Sie anregen, mögliche eigene

Schamgefühle besser wahrzunehmen und zu verstehen:

- Gibt es im Zusammenhang mit meiner Kränkung Augenblicke, in denen ich mich am liebsten vor anderen oder auch vor mir selbst verstecken möchte, um nicht gesehen zu werden?
- Entdecke ich Schutzmechanismen, durch die ich meine Gefühle von Scham und Demütigung abwehre?
- Wo ordne ich auf einer Skala von eins (ich verspüre keinerlei Scham) bis zehn (ich fühle extrem viel Scham) die Intensität meiner Schamgefühle ein?
- Was hat zu meinen Schamgefühlen geführt?
- Ich versuche, die Position meiner Scham einzunehmen. Ich bemühe mich zu sehen, was sie sieht, ohne das Gesehene gleich zu relativieren oder zu beurteilen …
- Was glaube ich, dass die Person, die mich gekränkt hat, und andere über mich denken oder sagen? Bin ich mir sicher, dass sie wirklich so über mich urteilen, oder vermute ich das bloß?

Wenn Ihre Scham groß sein sollte, kann es eine äußerst befreiende Erfahrung sein, wenn Sie die ganze Geschichte jemandem erzählen, der oder die damit gut umgehen kann. Auch wenn es Sie viel Überwindung kostet, sich zu offenbaren, und es sich vielleicht fast vernichtend anfühlt, so erniedrigen Sie sich nicht durch diesen Schritt. Im Gegenteil: Sie richten sich auf, indem Sie das Schweigen brechen und Ihre Scham über die erlittene Beschämung ausdrücken. Und die Erfahrung, dass Sie gesehen und verstanden werden und dass jemand mit Ihnen fühlt und Sie annimmt, richtet auf.

Angst und Ohnmacht

Tagebucheintrag

*E*in Traum: Ich schwimme am Rand eines Flusses. Auf einmal werde ich von der Wasserflut weggerissen. Unter Todesangst gelingt es mir, einen Ast zu ergreifen, aber bevor ich mich an Land ziehen kann, ist er abgebrochen. Wieder treibe ich inmitten der Stromschnellen. Schließlich kann ich mich an einem kahlen Baum, der im Wasser steht, festhalten. Ich klettere auf ihn und will versuchen, ans Ufer zu springen. Doch ich habe große Angst. Werde ich es schaffen? Ich riskiere den Sprung ... und erreiche das Ufer.

Wenn uns ein anderer verletzt, wird unser Inneres mit einem Schlag durcheinandergewirbelt. Widerstreitende Gefühle zerren an uns und bringen uns aus dem Gleichgewicht. Ähnlich einem Seebeben, bei dem der Meeresgrund erschüttert wird, kann eine Kränkung das Selbstwertgefühl ins Wanken bringen. Wir werden von Gefühlswellen überflutet und spüren keinen festen Boden mehr unter den Füßen. Die Erfahrung, wie verwundbar und zerbrechlich das eigene Ich ist, schürt Angst, etwa: »Wird die andere Person mich erneut angreifen? Werde ich ihren Attacken weiterhin ausgeliefert sein?« Oder: »Geht die Beziehung endgültig in die Brüche? Bloß das nicht! Ohne ihn oder ohne sie zu leben, ist für mich unvorstellbar!«

Es zeigt sich: Angst signalisiert, was uns wichtig ist, und zwar so wichtig, dass wir es nicht verlieren wollen: Beziehungen, Unterstützung, Sozialprestige, Unabhängigkeit, Gesundheit u.a. Mit Angst reagieren wir also auf eine Situation oder ein Ereignis, das wir für gefährlich oder unkontrollierbar halten. Angst warnt vor Gefahren und spornt an, rasch zu reagieren – auch, indem sie den Körper auf Kampf oder Flucht *(fight or flight)* vorbereitet. Sie ist eine Kraft, die uns dazu bewegt, Gefährdungen zu bewältigen.

Wenn Angst zu groß wird, kann sie allerdings auch lähmen. Sie kann zu einem Empfinden von Hilflosigkeit und Ausgeliefertsein führen, das der konkreten Situation möglicherweise gar nicht entspricht. In der Tat löst eine Kränkung oft ein Gefühl von Ohnmacht und Hilflosigkeit aus. Jeder Mensch will sein Leben selbst bestimmen und gestalten. Werde ich gekränkt, dann geht mir die Gewissheit, selbst etwas tun und gestalten zu können, erst einmal verloren. Ich habe den Eindruck, einem ungerechten Angriff machtlos ausgeliefert zu sein. Ein solches Erleben schwächt das eigene Selbstwertgefühl, denn zu diesem gehört die Überzeugung, selbst etwas bewirken zu können. Erlittene Ohnmacht bringt das Selbstwertgefühl ins Wanken. Und sie ist ein schier unerträgliches Gefühl! Mit allen Fasern meines Körpers will ich mich von dem bedrohlichen Gefühl befreien, dass meine Hände gebunden sind und der eigene Wille außer Kraft gesetzt ist. Doch es gelingt nicht. Entsprechend geht das Erleiden von Ohnmacht häufig mit tiefer, existenzieller Angst einher, vernichtet oder vom Leben fallen gelassen zu werden. Eine Angst, in der sich vielleicht verschattet die Angst vor dem eigenen Sterben zu Wort meldet: die Angst, keine Existenzberechtigung zu haben; die Angst davor, mich selbst und andere endgültig zu verlieren.

Angst und Ohnmacht können überspielt werden, etwa durch Rachefantasien oder durch eine Pose der Macht und Überlegenheit, aber auch durch heftige verbale, psychische oder physische Gewalt. Für den Prozess der Versöhnung ist es unabdingbar, die eigene Angst und Ohnmacht wahrzunehmen, sie zu fühlen und anzunehmen. Denn nur, wer diesen Empfindungen Wohnrecht in sich gewährt und ihnen mit Verständnis begegnet, kann ihre wichtigen Signalfunktionen verstehen. Aus diesem Grund wollen die folgenden Fragen Sie erneut zu einer Selbsterkundung anregen:

- Habe ich in der Kränkungssituation Angst gespürt? Hat sich meine Angst verändert? Spüre ich jetzt noch Angst?
- Worauf macht mich meine Angst aufmerksam: Was soll nicht verletzt werden? Wen oder was will ich nicht verlieren?
- Die Angstreaktion beruht darauf, dass eine Situation als bedrohlich gedeutet wird. Manchmal neigen wir Menschen zum »Katastrophieren«. Wenn ich auf die konkrete Situation und meine Angst schaue: Ist die Angst realistisch oder betone ich negative Aspekte zu stark?
- Hatte ich das Empfinden, in der Kränkungssituation der anderen Person ohnmächtig ausgeliefert gewesen zu sein? Habe ich immer noch das Empfinden, ihr hilflos ausgesetzt zu sein? Ich versuche, meinem Empfinden von Ohnmacht auf den Grund zu gehen: Was schmerzt und ängstigt mich in der Tiefe?
- Wenn ich auf die konkrete Situation schaue: Bin ich tatsächlich völlig ohnmächtig und hilflos gewesen oder habe ich Kraft gehabt, mich zu wehren?
- Entdecke ich Abwehrmechanismen, durch die ich meine Gefühle von Angst und Ohnmacht überspiele?

Neue Handlungsmöglichkeiten gewinnen

Im Nacherleben des kränkenden Ereignisses kommen die damit verbundenen verschiedenen Empfindungen wieder hoch. Vielleicht haben Sie den Eindruck, dass Ihre Bereitschaft, vergeben zu wollen, durch diesen emotionalen Prozess bislang in keiner Weise gestärkt worden ist. Im Gegenteil: Möglicherweise fühlen Sie sich so weit entfernt von der inneren Aussöhnung wie noch nie. Statt mit milden Gedanken und versöhnten Gefühlen über den Übeltäter nachzusinnen, geben Wut, Hass oder Angst, Scham, Ohnmacht oder andere peinigende Gefühle den Ton an. Dies zu erleben, ist äußerst mühsam und herausfordernd. Besonders schwer erträglich ist zu realisieren, wie durch die erlittene Kränkung das eigene Selbstwertgefühl angegriffen und herabgesetzt worden ist.

Doch das Paradoxe ist: Wer sich der verletzenden Kränkung zuwendet und sie bewusst nacherlebt, stärkt auf Dauer gesehen seine geschwächte Selbstachtung. Angenommen, Sie mussten erleben, wie der letzte Dreck behandelt worden zu sein. Je mehr Sie nun mit sich und Ihren vitalen Empfindungen in Kontakt sind, desto mehr können Sie auch spüren: »Ich bin kein Fußabstreifer, sondern stehe auf eigenen Füßen. Ich bin auch wer. Ich bin ein Mensch, dem es zukommt, geachtet zu werden.« Bewusstes Fühlen hat heilende Kraft – sogar gerade dann, wenn es sich um ein unangenehmes, »negatives« Gefühl handelt. Wer beispielsweise den Schmerz der Kränkung aufmerksam spürt und ihn zulässt, anstatt zu verdrängen, der beendet das Leid, das zuvor durch seine Abwehr verursacht worden ist. Bewusstes Fühlen bringt die verschiedenen Facetten des Ichs zusammen und verschafft ein Empfinden von Ganzheit und Lebendigkeit. Auch eröffnet der Kontakt mit den eigenen Gefühlen neue, selbstverantwortliche Handlungsmöglichkeiten: Im Schmerz kann ich nach Trost suchen, in der Angst nach Unterstützung Ausschau halten und in der Wut ein Gespräch führen, das hilft, klarer zu sehen. Und ich kann mir bewusst machen, dass ich mich vielleicht wertlos, klein oder ohnmächtig *fühle,* aber dass ich deswegen noch lange nicht wertlos, klein oder ohnmächtig *bin.*

Mit diesen Gedanken ist ein Aspekt angesprochen, der bereits bei den Ausführungen zu einer guten Gefühlskultur erwähnt worden ist: Damit Gefühle ihre lebensförderliche und beziehungsstiftende Kraft entfalten können, müssen sie in einen größeren Zusammenhang gestellt und kritisch (griech.: krinein = unterscheiden) beleuchtet werden.

6

Sich selbst und andere besser verstehen

Gefühle beeinflussen unsere Optik. Sie wirken wie Filter, die eine bisweilen starke Färbung verursachen und oft auch die Wirklichkeit verzerren: Wer verliebt ist, sieht die Welt in rosa Farben. Verletzte Menschen dagegen neigen in ihrem Schmerz oft zu einfachen und einseitigen Deutungen des Vorfalls, etwa zur Schwarz-Weiß-Malerei: »Der andere ist böse und ich bin gut. Er oder sie ist der Täter und ich bin das unschuldige Opfer.« Es gibt nur noch Hell und Dunkel, Freund und Feind, Gut und Böse. Auf weltpolitischer Ebene kämpfen dann die Guten gegen die Achse des Bösen und die Hüter von Freiheit und Demokratie gegen die Schurkenstaaten. Die Nuancen und differenzierten Farben der Wirklichkeit – auch der eigenen – werden nicht mehr wahrgenommen.

Auf dem Weg der inneren Aussöhnung kommen wir mit verschiedenen Kränkungsgefühlen in Berührung. Für den Vergebungsprozess ist bedeutsam, dass wir einen reflexiven Abstand von diesen starken, vitalen Gefühlen gewinnen. Indem wir das Geschehen mit dem Lichtkegel des Verstehens ausleuchten, werden der Blick weiter und der Kopf klarer. Die größeren Zusammenhänge und Hintergründe, für die wir vorher blind waren, lichten sich und wir beginnen, den anderen, uns selbst und den kränkenden Vorfall besser zu verstehen.

Unser Deuten beeinflusst unser Erleben

Angenommen, Ihre Nachbarin tritt Ihnen im engen Hausflur mit ihrem hochhackigen Schuh empfindlich auf den Fuß. Da das Verhältnis zwischen Ihnen beiden seit geraumer Zeit angespannt ist, deuten Sie den Fehltritt spontan als absichtliche Attacke – und schon wird eine ganze Kaskade von Gefühlen und Gedanken in Ihnen ausgelöst: »Ist das eine blöde Kuh! So eine Frechheit! Aber eigentlich habe ich von ihr nichts anderes erwartet. Hat sie nicht auch schon gestern so grimmig geschaut? Na warte, das lasse ich mir nicht gefallen!«

Wenn Sie Ihren blau anlaufenden Zeh jedoch als Folge eines unbeabsichtigten Missgeschicks deuten, kommt eine andere Kette von Empfindungen und Gedanken in Gang, etwa: »Na, bin ich froh, dass ich wenigstens einen Schuh anhatte und nicht barfuß war! Und der Flur ist wirklich recht eng. Vielleicht sollte ich endlich mal anregen, dass die Fahrräder nicht mehr hier, sondern woanders abgestellt werden.« Und Sie ergreifen gleich die Gelegenheit beim Schopf und sprechen mit Ihrer Nachbarin über Ihre Idee.

Diese kleine Episode verdeutlicht: Wie Sie sich fühlen und ein Ereignis erleben – ob Sie wütend oder froh, gekränkt oder dankbar reagieren – hängt stark davon ab, wie Sie dieses Ereignis deuten. Ob Sie sich durch jemanden verletzt fühlen oder nicht, korrespondiert mit dem, wie Sie sein Verhalten interpretieren.

Hier lässt sich ein aufschlussreicher Zusammenhang beobachten: Je mehr wir davon überzeugt sind, dass uns jemand wohlgesonnen ist, umso weniger glauben wir, dass er uns mit Absicht verletzen will. Eine negative Deutung kommt gar nicht in Betracht. Wir nehmen den irritierenden Vorfall nicht persönlich und fühlen uns daher auch nicht gekränkt. Umgekehrt gilt: Wenn wir von jemandem meinen, er würde uns ablehnen oder sei sogar feindselig eingestellt, so kann der andere das kaum noch »falsifizieren«. Sagt oder tut er etwas Gutes, vermuten wir dahinter Heuchelei oder Taktik. Und äußert er etwas Ungutes, reagieren wir etwa mit: »Bitte schön! Ich habe es ja immer schon gewusst!« So viel Grundmisstrauen zerstört in kürzester Zeit jede Beziehung. Ein solches Deutungsschema ist auch nur schwer zu durchbrechen. Es wird schnell zum Automatismus, der hervorbringt, was er vorhersagt. Wer mit einer Beleidigung durch die andere Person rechnet, wird sich am Ende beleidigt fühlen, egal, was diese gesagt oder getan hat.

Die Tendenz, das Verhalten eines anderen negativ zu interpretieren, hat oft eine Vorgeschichte: Möglicherweise haben sich schwierige Erfahrungen mit dieser Person summiert und sind zu einem negativen Vorzeichen geworden, das deren weitere Handlungen nun prinzipiell abqualifiziert. Der Grad zwischen einer gesunden Portion Misstrauen und einem starren Pauschalurteil ist schmal …

Die Neigung, das Verhalten anderer negativ zu deuten, kann aber auch mit der Einstellung sich selbst gegenüber zu tun haben. Die Sichtweise des anderen steht immer im direkten Zusammenhang mit dem eigenen Selbstbild. Ein Beispiel: Angenommen, Sie fühlen sich eher als Versager oder als Versagerin und sind mit Ihrer Leistung ständig unzufrieden. Ein Arbeitskollege kommt in der Mittagspause auf Sie zu und sagt anerkennend: »Du hast das Projekt wirklich großartig umgesetzt und gut abgeschlossen!« Sofort purzeln verschiedene Deutungen durch Ihr Hirn:

»Ach, das glaubst du ja wohl selber nicht! Das hätte man doch noch viel besser machen können.« Oder: »Was will der denn von mir? Will er sich einschmeicheln, damit ich ihm bei seinem wackeligen Projekt unter die Arme greife?« Oder: »Das sagt er doch nur, weil es sich so gehört oder weil ich ihm leid tue.« Zu welcher Deutung Sie auch immer neigen, Sie werden sich über das Kompliment nicht freuen können. Vielmehr wird Sie die Äußerung verärgern oder verunsichern, weil Ihre negative Selbstsicht keine positive Interpretation erlaubt.

An dieser Stelle wird offenkundig: Sich gekränkt zu fühlen ist kein unabwendbares Schicksal! Vielmehr liegt es *auch* an unserer Sicht auf die Dinge, ob, wodurch und wie tief wir uns verletzt fühlen. Der Weg der inneren Aussöhnung möchte aus einem »Tunnelblick«, der nur Schwarz und Weiß, Gut und Böse, Opfer und Täter kennt, herausführen und das Gesichtsfeld erweitern. Wer zu einer wirklichkeitsgerechten Sicht von der verletzenden Person und von sich selbst findet, dessen Kränkungsgefühle können sich unmerklich und wie von selbst wandeln.

Die Blickerweiterung, um die es im Folgenden geht, ist ein anspruchsvoller, schöpferischer und nach meiner Erfahrung in der Tiefe immer auch ein spiritueller Prozess. Er verlangt Reflexionsfähigkeit, Selbstdistanzierung, Perspektivenwechsel, Fantasie und die Bereitschaft, dass sich unsere eingefahrenen Gefühle und Ansichten ändern dürfen, ja sogar ändern sollen. Doch dazu braucht es – wie so oft auf diesem Weg – Entscheidungen! Dahingehend:

- Ich bemühe mich, bisherige Deutungen als solche zu erkennen und sie in Frage stellen zu lassen.

- Ich bin bereit, dass sich meine eingespurten Gefühle und meine liebgewonnenen Ansichten vom anderen und von mir selbst ändern dürfen.
- Ich will auf blinde Flecken aufmerksam werden.
- Ich will den Mut und den Willen zur Wahrhaftigkeit aufbringen. Wahrhaftigkeit beinhaltet eine doppelte Loyalität: die Achtung mir selbst und dem anderen gegenüber.
- Ich achte darauf, wer oder was mich darin bestärken kann.

Tagebucheintrag

Heute habe ich eine Freundin besucht, die einen Bauernhof hat. Sie wollte mir die jungen Kätzchen zeigen und so stiegen wir auf den Heuboden. Dort lagen sie: klein, aneinandergekuschelt und mit einem samtenen Fell, unter dem man den pochenden Herzschlag erahnte. Ich fand sie einfach niedlich.

Als ich die Leiter wieder herabkletterte, fiel mein Blick auf einige Fledermäuse, die eine Armweite entfernt am Dachbalken hingen. »Iieh, wie schaurig! Die sind aber hässlich!«, entfuhr es mir. Darauf meine Freundin: »Du hast sie noch nicht lange genug betrachtet.«

Davon auszugehen, dass es sich lohnt, achtsam und geduldig auf die verletzende Geschichte zu schauen, ist eine Haltung des Glaubens. Die Bereitschaft, dass sich das negativ gefärbte Bild vom anderen verändern darf, ist ein Ausdruck der Liebe. Und darauf zu vertrauen, dass wir vielleicht eines Tages im scheinbar nur Hässlichen auch Schönes und Gutes zu entdecken vermögen, ist ein Akt der Hoffnung.

Den anderen in einem neuen Licht sehen

»Jeder Mensch ist ein stummer Schrei danach,
anders gelesen zu werden.« (Simone Weil)

Wenn jeder von jedem alles wüsste, würde jeder jedem gerne verzeihen. Diese markante Aussage von Rabindranath Tagore findet in ihrer Totalität sicher nicht den Zuspruch aller. Doch sie macht auf einen entscheidenden Gesichtspunkt aufmerksam: Menschen haben meistens Gründe und Hintergründe für ihr Handeln. Je besser ich die Umstände und Motive verstehe, die einen anderen zu seinem verletzenden Verhalten geführt haben, umso eher werde ich ins Auge fassen, ihm die Sache nicht mehr nachzutragen. Um Missverständnisse zu vermeiden, sei an dieser Stelle daran erinnert, dass Vergeben nicht mit Dulden oder Entschuldigen verwechselt werden darf! Wenn ich die Beweggründe eines anderen nachvollziehen kann, heißt dies weder, dass ich diese damit auch rechtfertige oder okay finde, noch dass ich das Verhalten entschuldige oder dulde. Wohl aber können durch die Perspektivenerweiterung Empfindungen wie Groll, Verachtung oder Angst langsam abflachen. Mein Blick auf den Übeltäter wird verständnisvoller. Ich sehe ihn in einem milderen Licht und bin eher bereit, die Sache »gut sein« zu lassen.

Hier deutet sich ein wichtiger Unterschied an, auf den der Psychiater Konrad Stauss hinweist: Vergebung ignoriert die Tat nicht, aber sie beginnt auch nicht bei der Tat, sondern bei dem Menschen, der sie begangen hat. Wer sich tief verletzt fühlt, neigt dazu, den Übeltäter auf seine

Tat zu reduzieren und jenseits dessen nichts mehr gelten zu lassen: »Er hat mich angelogen. Er ist ein Lügner.« Oder: »Sie ist durch und durch betrügerisch. Denn sie hat mich hinterhältig reingelegt.« Mein Gegenüber wird zur personifizierten Gemeinheit oder zur Bosheit in Person. Es ist jedoch eine folgenschwere Verkürzung, wenn ich einen Menschen und sein Verhalten über einen Kamm schere. Denn in dem Fall bleibe ich auf seine Tat fixiert und beurteile von diesem Punkt aus die ganze Person. Hier braucht es einen Perspektivenwechsel: Es gilt, zwischen der Person und ihrem Verhalten zu unterscheiden. Denn erst dann werde ich mein Gegenüber in seiner Vielschichtigkeit in den Blick nehmen und von dort her auch die verletzende Tat angemessen(er) verstehen können. Und darin liegt eine wesentliche Voraussetzung, um sich dem Vergeben überhaupt zu nähern.

Ein Königsweg, um den anderen mehr kennen und verstehen zu lernen, ist natürlich das Gespräch. Indem ich nachfrage: »Warum hast du dich so verhalten? Wie hast du das gemeint?«, kann ich prüfen, ob das, was der andere gesagt oder getan hat, bei mir richtig angekommen ist. Dies dürfen jedoch keine rhetorischen Fragen sein, die als eine Art Vorgeplänkel lediglich darauf zielen, das Gegenüber dann mit Vorwürfen zu überhäufen. Vielmehr setzt ein echtes Gespräch den beidseitigen Willen voraus, die sich schnell einstellende Sprachlosigkeit erneut zu überwinden und sich um Verständnis zu bemühen. Besonders in nahen Beziehungen, in Freundschaften und Partnerschaften braucht es eine Kultur des klärenden Gesprächs. Denn der gelebte Alltag bringt kleinere Verletzungen unweigerlich mit sich. Da fühlt sich jemand in einer beruflich belastenden Situation zu wenig unterstützt. Da ist jemand enttäuscht, dass die neue Haarfrisur nicht gelobt oder der Hochzeitstag vergessen worden ist. Da kommt Ärger auf, weil der Müll schon wieder nicht geleert oder das Auto nicht vollgetankt worden ist ... Ohne Gespräche entstehen aus solchen Situationen Altlasten, die sich immer mehr ansammeln und die Beziehung zunehmend vergiften. Ein ehrlicher Dialog hingegen hilft, sich in den anderen hineinzuversetzen und sich zu vergegenwärtigen, was *ihn* zu seinem Verhalten bewogen hat. Das kann dazu führen, dass die ganze Geschichte eine andere Bedeutung bekommt und die Frage des Vergebens gar nicht mehr ansteht.

Im Folgenden finden Sie verschiedene Gesichtspunkte, die Ihren Blick auf die Person, die Sie verletzt hat, weiten können.

Ein erster Blick richtet sich auf die konkrete Verletzungssituation: Wie sahen die *Umstände* und die *konkrete Lebenssituation* des anderen zu der Zeit aus, als er Sie durch sein Verhalten kränkte? War er familiär belastet oder stand er beruflich unter großem Druck? Ein genervter Blick kann etwa daran liegen, dass bei jemandem aufgrund eines Todesfalls die Nerven blank liegen. Oder jemand hält verabredete Termine nicht ein, da ihm die Arbeit über den Kopf wächst.

Weiterhin ist es erhellend, die andere Person vor dem Hintergrund ihrer *Lebensgeschichte* und ihres *Charakters* zu betrachten. Jede Person hat ihre komplexe Geschichte, die sie prägt. Daher sind neben ererbten Anlagen die Erziehung und biografische Erfahrungen wichtige Hintergründe, um deren verletzendes Verhalten besser verstehen zu können: Wie sah ihre Kindheit aus? Und was für ein

Mensch ist sie? Angenommen, Sie wurden von ihr wütend angefahren, weil sie in ihrem cholerischen Charakter
manchmal einer Dampfwalze gleicht – dann entschuldigt
deren Charakter zwar nicht ihr Verhalten, doch Sie können es besser einordnen und fühlen sich nicht am Boden
zerstört. Oder Sie werden von jemandem verletzt, dem so
gut wie jedes Gespür für sein Gegenüber abgeht und der
auf dessen Gefühlen rumtrampelt, ohne es zu merken …

Vielleicht fügt Ihr Gegenüber Ihnen aber auch einen
Schaden zu, weil er selbst verletzt ist. Es gibt negative
Erfahrungen, die ganze Generationen geprägt haben. So
war die »Kriegsgeneration« nach dem Zweiten Weltkrieg
oft nicht in der Lage, über ihre schweren und belastenden
Erfahrungen zu reden. Diese Sprachlosigkeit hat dann die
nächste Generation wieder geschädigt. Können Sie neben
der Schuld auch die Armut und Not sehen, die sich möglicherweise hinter einem negativen Verhalten verbirgt?
Können Sie im konkreten Verhalten eines Menschen alte
Wunden erahnen, die andere oder eventuell auch Sie ihm
zugefügt haben?

Darüber hinaus ist es ratsam, die *Beziehung* zwischen
dem anderen und sich selbst in den Blick zu nehmen und
das verletzende Ereignis in einen größeren Zusammenhang zu stellen: Wie lange kenne ich die Person schon?
Gab es nur schlechte Zeiten zwischen uns oder auch
gute? Vielleicht kommen Ihnen Erinnerungen an eine positive gemeinsame Geschichte und daran, dass Sie durch
den anderen und seine Gaben bereichert worden sind.
Das radiert die Verletzung zwar nicht aus, stellt sie aber
in einen größeren Rahmen.

Und schließlich ist es wichtig, sich immer wieder in
Erinnerung zu rufen: Jedes Verhalten kann unterschied-

lich *gedeutet* werden. Somit kann ich mich durch eine Tat verletzt fühlen, die der andere gar nicht so »gemeint« hat. Das Faktum, dass ich mich verletzt fühle, bedeutet ja noch nicht, dass ich tatsächlich Opfer eines Unrechts bin! Die meisten Verletzungen geschehen nämlich nicht aus »purer Bosheit«, sondern haben vielfältige Gründe und Hintergründe. Es braucht also eine Unterscheidung zwischen dem, was der andere getan hat, und meiner Deutung, was »mir angetan wurde«, dass ich es als Verletzung empfinde. War die andere Person wirklich gemein oder ungerecht? Oder war dies ein voreiliger Schluss, und es gibt nachvollziehbare Gründe für ihr Verhalten? Manches, was tief gekränkt hat, geschah möglicherweise aus Gedankenlosigkeit oder mangelnder Sensibilität oder es entpuppt sich als ein Missverständnis. Vielleicht wusste der andere gar nicht, dass er einen wunden Punkt berührt hat …

Insbesondere in Kränkungssituationen ist es daher wichtig, sich vor Augen zu halten: Ein Verhalten kann immer mehrere Bedeutungen haben. Die eigene Interpretation ist nur *eine* von mehreren Möglichkeiten. Wenn Sie im Zweifel sind über die Motive desjenigen, dem Sie die Kränkung zuschreiben, so könnte der Rechtsgrundsatz weiterhelfen »Im Zweifelsfall für den Angeklagten!« Warum sollten Sie statt negativer Vorurteile nicht eher entlastende und entschuldigende Erklärungen für das Verhalten des anderen suchen? Die spirituelle Weisheit des Ignatius von Loyola jedenfalls rät, die Äußerungen eines anderen Menschen eher zu »retten als zu verurteilen«, also entlastende Deutungen zu bevorzugen.

Der andere als Mitmensch

Ein Kind fragt seine Mutter: »Wann kann man sagen, dass die Nacht vorbei und der Tag angebrochen ist: Wenn ich in der Dämmerung einen Baum von einem Busch unterscheiden kann? Oder ein Haus von einem großen Felsblock? Oder eine Vogelscheuche von einem Menschen?« Die Mutter antwortet: »Der Tag bricht an, wenn du im anderen deinen Mitmenschen erkennen kannst. Wenn du glauben kannst, dass er dein Bruder oder deine Schwester ist.« (nach einer jüdischen Überlieferung)

Neben dem biografischen Blick auf den anderen braucht es auf dem Weg der Vergebung auch eine *ethische Perspektive*. Der französische Philosoph Emmanuel Levinas charakterisiert Ethik als eine Optik: als eine Weise also, die Wirklichkeit zu sehen. Eine zentrale ethische Überzeugung ist es, alle Menschen als gleichwertig anzuerkennen. Denn wir alle haben eine unveräußerliche Würde. Sind wir verletzt worden, neigen wir bisweilen dazu, den anderen nicht mehr als unseren Mitmenschen anzusehen. Wir schimpfen über »diese blöde Flasche« oder »dieses Schwein«. Flaschen aber kann man wegwerfen und Schweinen gebührt keine Menschenwürde ... Es kann ein mühsamer Weg werden, bis wir den Übeltäter ehrlichen Herzens als Mitmenschen anerkennen, der dasselbe Lebensrecht hat wie wir und dem wir trotz seines Fehlverhaltens Achtung und Respekt zollen.

Besonders wichtig ist es, diese ethische Perspektive einzunehmen, wenn das Vergehen eines Menschen so schlimm ist, dass wir – obwohl wir von seiner Vergangenheit und seinen Lebensumständen Kenntnis haben – schlichtweg kein Verständnis für sein Handeln aufbringen können. Es gibt Verbrechen, die einfach nur verabscheuungswürdig sind und einen derart großen Hass gegen den Täter provozieren, dass man ihm das Menschsein abspricht. Den anderen zum Unmenschen zu erklären, zerstört jedoch die Basis des menschlichen Zusammenlebens. Nur wenn wir anerkennen, dass alle Menschen auch in ihrer Fehlerhaftigkeit eine unzerstörbare Würde haben, können Schuld und Versagen des Einzelnen aufgearbeitet und vergeben werden. Sprechen wir dagegen einem Menschen aufgrund seines Versagens jede Würde ab, so beginnt damit ein Kreislauf der wechselseitigen Verteufelung. »Die Kettenreaktion des Bösen – Hass, der neuen Hass gebiert, Kriege, die neue Kriege nach sich ziehen – muss unterbrochen werden. Sonst werden wir in den Abgrund der Vernichtung stürzen«, schrieb Martin Luther King, als sein Haus in Brand gesteckt und seine Familie bedroht wurde.[8] Die ethische Perspektive lässt uns den anderen als Mitmenschen erkennen. Sie ist ein Widerlager, das dem Abgleiten in die zerstörerische Unmenschlichkeit wehrt.

Die *jüdisch-christliche Glaubensperspektive* vertieft diese ethische Einsicht und stellt sie in einen neuen Begründungszusammenhang: Von der Frühzeit bis heute wurde und wird in vielen Kriegen und Konflikten der Feind zum Unmenschen herabgestuft, um seine Tötung zu legitimieren. Eine Degradierung des Feindes findet sich auch in Texten des Alten Testamentes. Aber der Blick auf die Bibel als Ganzes zeigt, dass sich in ihr eine Revolution im Gottes- und Menschenbild vollzogen hat. Statt der gewaltlegitimierenden Abwertung und Ausgrenzung des anderen bekennt der biblische Glaube den einen Gott als den Schöpfer aller Menschen. Denn dem Glauben an *einen* Gott entspricht die Überzeugung von der *einen* »Menschheitsfamilie«. Die Stammbäume im Buch Genesis (z.B. Genesis 5 und 10) betonen, dass alle Menschen von Adam »abstammen«. Hier wird in einem Bild die ursprüngliche Gleichheit und Zusammengehörigkeit aller Menschen und Völker bekundet. Die Vorstellung einer einzigen »Menschheitsfamilie« wurzelt geschichtlich im biblischen Ein-Gott-Glauben. Wenn sich aber alle Menschen einem göttlichen Ursprung verdanken, dann kann niemand verteufelt werden. Eine jüdische Geschichte erzählt davon, wie das Volk Israel aus Ägypten entkommen und das Heer des Pharao im Roten Meer untergegangen ist. Die Engel im Himmel feiern diesen Sieg Gottes über die Ägypter. Doch Gott verbietet den Engeln das Fest des Triumphs: »Wie könnt ihr euch nur über den Tod der Ägypter freuen? Auch die Ägypter waren doch meine Kinder!«

Die christliche Weltsicht lädt ein, die Welt, den anderen und sich selbst mit den »Augen Gottes« anzuschauen. Oder mit Augustinus gesagt: Die Aufgabe des Lebens liegt darin, dass die »Augen des Herzens« heilen. So lernen wir zunehmend, den – möglicherweise verhassten oder verachteten – anderen und uns selbst als Teil einer größeren göttlichen Wirklichkeit zu sehen und zu achten.

Meditation und Gebet können uns zu einem Ort führen, wo wir eine solche Sicht gewinnen. Ich kann meditierend versuchen, den Übeltäter in das Licht Gottes zu stellen. Auch wenn es mir unglaublich erscheinen mag und ich am liebsten die Augen davor verschließen möchte: Gott sieht diesen Menschen voll Güte an! Vielleicht finde ich diese Vorstellung erst einmal unerträglich und es regen sich massive innere Widerstände. Wenn sich mit der Zeit der innere Aufruhr etwas gelegt hat, kann ich mich fragen: Wie wünsche ich mir, von Gott angeschaut zu werden, wenn ich im Unrecht gewesen bin? In der Folge kann ich darum bitten, in ähnlicher Weise auf meinen Mitmenschen schauen zu können, der mich verletzt hat.

Was Feindesliebe meint

Niemand hat in so radikaler Form auf der Notwendigkeit bestanden, eine Mentalität des Vergebens zu entwickeln, wie Jesus. Seine berühmte »Bergpredigt« gipfelt in der Aufforderung zur Feindesliebe. Zunächst erinnert er daran: »Es heißt bei euch: ›Liebt eure Freunde und hasst eure Feinde‹« (Matthäus 5,43). Diese Regel klingt menschlich und normal. Und doch zementiert sie die bestehenden Verhältnisse und man könnte resigniert aufseufzen: »Nichts Neues unter der Sonne!« Jesus will über die normalen Reaktionsmuster hinausgehen, denn nur dann hat der Friede eine Chance. »Ich aber sage euch: Liebt eure Feinde, und betet für alle, die euch verfolgen« (Matthäus 5,44). Liebe meint hier sicher kein überschwängliches Gefühl, denn ein solches lässt sich nicht verordnen. Liebe bedeutet in diesem Kontext die Bereitschaft, dass wir den anderen als Mitmenschen respektieren, dass wir uns in ihn hineindenken und versuchen, ihn zu verstehen. Eine solche Haltung lässt sich willentlich einnehmen: Ich kann mich entscheiden, ob ich die Person, die mich beleidigt hat, verächtlich oder abweisend links liegen lasse oder ihr mit Achtung begegne. Ob ich sie verteufle oder ihre Würde als Mensch respektiere, die auch jenseits ihrer Schuld bestehen bleibt. Ob ich sie festnagle auf ihre Schuld oder an ihre positiven Entfaltungsmöglichkeiten glaube. Ob ich für sie bete und mich einem größeren Horizont öffne, oder ob ich einer solchen Perspektivenerweiterung gegenüber verschlossen bleibe.

Es braucht ein inneres Rückgrat, um sich durch eine Verletzung nicht umwerfen zu lassen. Wer nicht dem zerstörerischen Mechanismus des »Heimzahlens« verfallen will, muss in irgendeiner Weise darüber stehen. Jesus glaubt daran, dass die Gottverbundenheit eine solche Souveränität schenkt. Sein Leben macht deutlich, was ein Mensch, der sich der göttlichen Liebe anvertraut, sein und bewirken kann. Wer in Gott seinen letzten Halt findet, den wirft eine Verletzung durch einen Mitmenschen nicht völlig um. Wer Gottes grenzenlose Güte erfährt, kann eigene Grenzen überschreiten und sich dem anderen gegenüber respektvoll verhalten. Und wem aufgeht, dass Gott seine Sonne scheinen lässt für Gute und Böse (vgl. Matthäus 5,45), erfährt: Es gibt Neues unter dieser Sonne! Eine Zukunft wird möglich, die nicht von der Vergangenheit diktiert wird. Es gibt eine echte Zukunft.

Sich selbst besser verstehen lernen

Gesunder Realismus

Werden wir gekränkt, dann weckt das verschiedene Empfindungen und Fantasien. Diese wirken wie Filter, die nicht allein die Sicht auf den anderen, sondern auch die auf uns selbst trüben können. Verletzte Menschen neigen besonders häufig zum Schwarzmalen und »Katastrophieren«. Vielleicht kennen auch Sie innere Überzeugungen wie: »Ich werde *nie mehr* glücklich sein! Ich habe mich *grenzenlos* blamiert! Ich bin *völlig* allein gelassen! Ich bin *total* am Boden zerstört!« Wenn Sie von einer höheren Warte auf sich und Ihre Verwundung schauen und einen nüchternen Realitäts-Check machen, dann werden Sie vermutlich entdecken: Die zugefügte Verletzung oder ihre Konsequenzen sind nicht derart katastrophal wie angenommen. So sehen Sie möglicherweise: »Ja, ich bin tatsächlich sitzen gelassen worden, und das tut fürchterlich weh! Aber ich bin nicht völlig allein gelassen. Denn ich habe Freunde, die ehrlich zu mir halten, und auch meine Familie lässt mich nicht im Regen stehen.« Und gerade wenn Sie sich »total am Boden zerstört« fühlen, sehen Sie aus einer größeren Distanz heraus, dass die Kränkung Sie zwar tatsächlich heruntergezogen hat, dass es aber auch weiterhin Heiles und Unversehrtes in Ihnen gibt.

Hier deutet sich eine für den Vergebungsprozess relevante Unterscheidung an: dass wir differenzieren zwischen unseren Gefühlen und uns als Person: Wir *haben* Gefühle, doch wir *sind* mehr als unsere Gefühle. Selbst dann noch, wenn etwa ein Teil von uns tief verwundet ist, gibt es viel Heiles und Kraftvolles in uns: Erfahrung, Wissen, Können, lebenszugewandte Empfindungen und vieles mehr. Dies kann eine überaus befreiende und stärkende Entdeckung sein.

Es wird deutlich: Wenn wir aus einer größeren Distanz auf uns und unsere Verwundung schauen, weitet sich unser Blick. Das, was vorher absolut und total gegolten hat, wird relativ. Es wird also in Beziehung (lat.: relatio) gesetzt zu seinem größeren oder vielleicht auch neu definierten Zusammenhang. Unsere Einschätzung wird realistischer. Und das ist sehr wichtig, denn nur der Realismus hilft auf dem Weg der Heilung. Oder wie die Bibel prägnant formuliert: Die Wahrheit wird euch frei machen (Johannes 8,32). Es geht also darum, den erlittenen Verlust weder zu dramatisieren noch zu minimalisieren, ihn weder zu verabsolutieren noch kleinzureden.

Verletzte Werte und Bedürfnisse können beispielsweise sein: Gesundheit oder materieller Besitz, Ansehen und soziales Image, Selbstachtung und Selbstvertrauen, Erfolg oder Schönheit, Vertrauen in den anderen und in das Leben, Freundschaft und Nähe, Gerechtigkeit und Treue ... Um zu einer realistischeren Sicht der eigenen Kränkung zu gelangen, ist es hilfreich zu überlegen:

- Was habe ich verloren?
- Welche Hoffnungen oder Erwartungen sind durchkreuzt worden?
- Welche Grundbedürfnisse oder welche mir wichtigen Werte wurden in Mitleidenschaft gezogen?

Eigene Anteile entdecken

Wie bereits ausgeführt, sind wir Menschen in verschiedener Weise daran mitbeteiligt, dass uns andere kränken können oder dass wir uns verletzt fühlen. Die eigenen Anteile am Kränkungskonflikt zu entdecken ist keine angenehme Erkenntnis, doch sie birgt Chancen in sich: Sie führt zu einer vertieften Selbsterkenntnis und eröffnet dadurch neue Freiheits- und Handlungsspielräume.

Eine wichtige Rolle bei Kränkungen spielen unsere *Erwartungen,* die wir anderen gegenüber haben. Angenommen, jemand meint: »Wo ich auch hinkomme, für mich muss der rote Teppich immer schon ausgerollt sein!«, eine solche Person wird sich auf dem nackten und steinigen

Boden der Wirklichkeit die Füße blutig schlagen. Und wer naiv damit rechnet, von aller Welt anständig und fair behandelt zu werden, wird oft gekränkt sein, denn diese Rechnung geht nicht auf. Wenn wir von einem anderen enttäuscht sind, kann es also daran liegen, dass wir unrealistische, überzogene Erwartungen an ihn herangetragen – und damit die Ent-Täuschung vorprogrammiert haben. Würden wir unsere Erwartungen auf ein realistischeres Maß herunterschrauben, wäre der andere nicht so schnell »unten durch«. Wir wären nicht so schnell verletzt und es bedürfte auch keiner Vergebung.

Darüber hinaus kommt es oft zu kränkenden Auseinandersetzungen, weil wir unsere Gefühle und Bedürfnisse »herunterschlucken«, »wegstecken« oder »beiseite legen«, anstatt sie in einer guten Art und Weise dem anderen *mitzuteilen.* Das kann entweder daran liegen, dass wir uns unserer Bedürfnisse und Gefühle selber gar nicht so bewusst sind oder dass wir sie als unwichtig abtun. Vielleicht haben wir auch nicht gelernt, sie offen und klar auszudrücken.

Schließlich tragen wir dann Mitverantwortung für eine Kränkungserfahrung, wenn wir nicht klar und rechtzeitig *Grenzen* gezogen haben. Wenn uns zum Beispiel jemand durch schamlose Neugier oder sexuelle Anzüglichkeiten zu nahe tritt, ist es unsere Aufgabe, »Stopp!« zu sagen und dem Einhalt zu gebieten. Tun wir das nicht, besteht die Gefahr, dass es zu weiteren Grenzüberschreitungen kommt. Manche Gut-Mütigkeit hat daher weniger mit Mut, sondern eher mit viel Angst, Konfliktscheu oder Bequemlichkeit zu tun. Und hinter einer übergroßen Vertrauensseligkeit verbergen sich bisweilen unselige Haltungen wie eine zu starke Suche nach Harmonie oder Bestätigung durch andere.

Die Tatsache, sich verletzt zu fühlen, wirft also Fragen auf wie:

- Was habe ich zur Situation beigetragen?
- Habe ich im Vorfeld den anderen verletzt oder gibt es in meinem Auftreten provozierende Anteile, die den anderen geradezu gereizt haben, mich anzugreifen?
- Habe ich zu hohe Erwartungen an die andere Person gehegt?
- Habe ich meine Bedürfnisse und Werte klar genug mitgeteilt, und wenn nicht: Warum nicht?
- Habe ich mich ausreichend abgegrenzt und geschützt, und wenn nicht: Warum nicht?
- Warum nehme ich den anderen so ernst, dass er mich nachhaltig treffen und mein Selbstwertgefühl schwächen kann?

Solche Fragen zielen nicht darauf, sich selbst zu geißeln oder zu verurteilen. Vielmehr geht es darum, dass Sie zu einer realistischeren, objektiveren Sicht des Geschehens und der Beteiligten gelangen. Natürlich ist es weder angenehm noch einfach, die eigene Mitverantwortung am Kränkungskonflikt zu erkennen und anzuerkennen. Doch je mehr Ihnen die eigenen Anteile bewusst werden, umso leichter können Sie den Weg der Vergebung gehen. Ja, vielleicht entdecken Sie sogar, dass Sie dem anderen gar nicht so viel zu vergeben haben, wie Sie bislang glaubten.

Eine alte Wunde meldet sich

Tagebucheintrag

Heute ist etwas Interessantes passiert: Ich war mit einer Freundin zum Wandern in den Bergen. Dem schwierigen Abstieg sah sie etwas unsicher entgegen und fragte ängstlich, ob sie das denn schaffen würde. Als ich ihr dann sagte: »Ach komm, das packst du schon!«, reagierte sie impulsiv und voller Ärger: »Ja, Mama!« Wir mussten beide herzlich über diesen seltsamen Versprecher lachen. Doch dann erzählte sie mir nachdenklich, dass ihre Mutter schon oft mit einer abwinkenden Geste zu ihr gesagt hatte: »Stell dich nicht so an! Das schaffst du schon!«, besonders, wenn sie als Kind vor etwas Angst hatte. Meine ausgestreckte Hand, die ich ihr reichte und die sie beim Schritt über die Felsspalte sichern sollte, hatte sie gar nicht wahrgenommen ...

Kränkungen treffen uns manchmal wie ein Blitz aus heiterem Himmel. Die anderen wundern sich über unsere heftige Reaktion und auch wir selbst sind befromdet. Wenn wir unserer Kränkung auf den Grund gehen, tritt in solchen Fällen oft zu Tage: Dass wir derart stark betroffen sind, liegt gar nicht an der konkreten Situation, sondern daran, dass eine alte Wunde in uns berührt worden ist. Der wieder aufgetauchte Schmerz ist größer als der Schmerz der akuten Verwundung.

Wenn wir über die Maßen verletzt sind, kann es also daran liegen, dass uns jemand an unserer Achillesferse getroffen hat. Dort reagieren wir besonders empfindlich. Unsere Reaktion gleicht dann einem zu sensibel eingestellten Rauchmelder, dessen Sirene bereits losheult, wenn lediglich eine Kerze angezündet wird.

Es ist wie im Film »Das Wunder von Bern«: Ein Mann

aus dem Ruhrgebiet kehrt nach langer Kriegsgefangenschaft nach Hause zurück. Er fährt in den Stollen, um seine Arbeit im Kohlebergwerk wieder aufzunehmen. Doch beim Geräusch eines Presslufthammers bekommt er eine Panikattacke. Warum? Die kurze Rückblende zeigt, wie er im Krieg mitten im Maschinengewehrfeuer Todesängste hatte. Das ähnliche Geräusch im Stollen lässt diesen anderen, alten Film wieder in ihm ablaufen. Seine auf den ersten Blick unverständliche Reaktion unter Tage zeigt, dass seine verschütteten Ängste und begrabenen Erinnerungen wieder wachgerufen worden sind.

Wenn Ihnen aufgehen sollte, dass eine alte Geschichte in Ihr Leiden hineinspielt, so liegt darin in mehrfacher Hinsicht eine Chance: Zum einen wird Ihnen deutlicher, warum Sie sich so gekränkt fühlen. Dann können Sie Ihren verletzten Gefühlen und wirbelnden Gedanken, ja sich selbst mit mehr Verständnis, Wohlwollen und Mitgefühl begegnen. Und nur in einer solchen Atmosphäre heilen Wunden! Darüber hinaus können Sie die aktuelle, verletzende Situation leichter »gut sein« lassen, da es ja gar nicht so viel zu vergeben gibt, wie bislang vermutet. Und schließlich wird sogar die aktuelle Kränkung zu einer Chance: Weil der Kränkungskonflikt den Schmerz einer unverarbeiteten Wunde aus dem Dunkel des Unbewussten ans Licht holt, werden Sie auf diese alte Verwundung aufmerksam. Dies kann ein erster Schritt sein, um mit der tiefer liegenden Geschichte einen heilenden Weg der inneren Aussöhnung zu gehen.

Wenn Sie oder andere also den Eindruck haben, dass Sie übertrieben gekränkt reagieren, lohnt es darüber nachzudenken, ob nicht eine alte Geschichte mitschwingt:

- Bin ich überempfindlich?
- Spielt ein altes Thema mit? Welche alte Verletzung bricht wieder auf und ist in mir noch nicht geheilt?
- Ist es angemessen und fair, dass ich dem anderen sein Verhalten so übel nehme? Oder bekommt er eine Reaktion zu spüren, die sich eigentlich gegen jemand anderen richtet?

Einsicht in die eigene Opferrolle

Tagebucheintrag

*I*ch fühle mich noch so wund von der bitteren Kränkung durch G. Heute war ich mit einer Gruppe von Freunden auf einem Berg. Die anderen waren gut aufgelegt und haben sich amüsiert. Ich hatte viel Mühe, ein cooles Gesicht zu wahren und war innerlich weit weg. Als es an den Abstieg ging, kamen wir an eine Kreuzung. Die anderen wählten den kürzeren Weg zum Parkplatz. Ich sagte, dass ich den längeren Weg gehen will, mich aber beeilen würde, so dass die anderen nicht auf mich warten müssten. Endlich war ich allein!

Ich lief los, schnell und kraftvoll. Ich spürte meine Wut auf G. und zugleich auf mich selbst, weil ich so in mir gefangen war und mich vom Spaß der anderen an der Bergtour ausgeschlossen fühlte. Ich lief in großen Sprüngen den Weg hinab. An einem Bach angekommen sprang ich mitten hinein, so dass das Wasser nur so spritzte. Ich spürte das Wasser auf meiner Haut. Und ich fühlte meine Energie und auch, dass ich immer noch ich war. Ja, ich habe noch Kraft, ich kann noch laufen, springen. Ich bin nicht gefesselt, sondern gehe meinen eigenen Weg. Als ich die anderen am Parkplatz traf, war für mich spürbar, dass sie sich freuten, mich wiederzusehen. Ich war einen Schritt weit aus der inneren Gefangenschaft herausgesprungen.

Wer mit etwas Distanz auf seine verletzten, festsitzenden Gefühle und Gedanken schaut, findet zu einem realistischeren Bild von sich selbst. Konkret kann das bedeuten: Ich verstehe mehr meine sensible Dünnhäutigkeit und Verletzbarkeit und deren Hintergründe. Ebenso geht mir auf, dass ich mitverantwortlich bin für den Kränkungskonflikt und dafür, dass ich mich gekränkt fühle. Und schließlich muss ich schmerzhaft einsehen, dass auch ich den anderen verletzt habe; dass der andere nicht nur der böse Wolf ist und ich das reine Unschuldslamm bin, sondern dass auch ich wölfische Anteile habe. Die Schwarz-Weiß-Malerei – »Der andere ist böse und ich bin gut«, oder auch: »Ich bin an allem schuld« – macht einer differenzierteren Sicht Platz, die Schattierungen kennt, auch in mir. Die Wirklichkeit ist komplex und ich bin mit aktiven und passiven Anteilen in sie hinein verwoben.

Gelingt es, die eigenen Anteile in den Blick zu nehmen, wird erkennbar, dass die Polarisierung von Opfer und Täter so nicht zutrifft. Zweifelsohne: Es gibt Verletzungen, für die der Täter oder die Täterin die alleinige Verantwortung trägt. Dies ist etwa bei Missbrauch von Kindern der Fall oder wenn Erwachsene fremder Gewalt zum Opfer fallen. Bei solchen Delikten haben Betroffene alles Recht der Welt, sich schuldlos zu fühlen! Sie tragen keine Mitverantwortung. Ja, ein entscheidender Schritt besteht in solchen Fällen oft darin, genau das zu erkennen, denn häufig leiden etwa sexuell missbrauchte Kinder Jahrzehnte lang unter Schuldgefühlen. Doch von derartigen Delikten abgesehen, ereignen sich die meisten Verletzungen im zwischenmenschlichen Alltag – und für diesen tragen beide Seiten Mitverantwortung. In der Regel gehören zu einem Kränkungskonflikt (mindestens) zwei.

Diese Einsicht ist in ihrer Allgemeinheit selbstverständlich, doch im Konkreten fühlt es sich meist anders an: Werden wir gekränkt, dann erleben wir uns als unschuldiges Opfer einer ungerechten Attacke. Offenkundig gehört zum Gekränktsein das Empfinden, Opfer eines anderen geworden zu sein. Diese normale menschliche Reaktion bringt psychische Vorteile mit sich, hat aber auch einen hohen Preis.

Die folgenden Ausführungen sind wieder als Anregung gedacht, sich selbst zu erkunden. Ob Ihnen einige der Empfindungen und Gedanken, Vorteile und Kosten aus eigener Anschauung bekannt sind?

Werde ich gekränkt, dann fühle ich mich ratlos, ohnmächtig und dem Übeltäter hilflos ausgeliefert. Ich bedauere und bemitleide mich. Ich ärgere mich maßlos über das widerfahrene Unrecht und mache den anderen oder das Schicksal für mein Elend verantwortlich. Walter Kohl prägt für dieses Lebensgefühl das Bild vom »Opferland«. Dieses ist »ein Hort des Unfriedens und der Knechtschaft, der Abhängigkeit, der Ohnmacht und der Fron«. Und Kohl betont: »Vor jedes dieser schlimmen Worte sollte man eigentlich immer ein ›gefühlt‹ setzen«, da es ausschließlich ein innerer Ort ist. »In Momenten der Verzweiflung, des Schmerzes und der Einsamkeit scheint Opferland das einzige Asyl zu sein, das bedingungslos offensteht.«[9]

Im Bild des Asyls deutet sich bereits an, dass die Opferrolle *psychische Vorteile* mit sich bringt: Wenn der andere doch »an allem schuld ist«, muss ich mich nicht mit einer möglichen Mitschuld auseinandersetzen. Weil ich dem Übeltäter die Schuld für mein Unglück in die Schuhe schiebe, kann ich mich selbst für schuldlos halten und mich frei und leichtfüßig bewegen. Innerseelisch bewirkt diese Selbstidealisierung, dass sie das Selbstwertgefühl, welches durch die Kränkung geschwächt worden ist, stärkt. Darüber hinaus bleibe ich in der Rolle der Anklage und halte den anderen in Schuldhaft. Bei jeder passenden Gelegenheit kann ich den Schuldschein als Trumpf ausspielen, dem anderen ein schlechtes Gewissen machen und ihn unter Druck setzen. In vielen Beziehungen spielen solche manipulierenden Mechanismen eine Rolle. Die Macht der Ohnmächtigen ist bisweilen recht groß … Weil der andere mir so böse mitgespielt hat, werde ich bedauert und kann mich selbst bemitleiden. Und da ich als Opfer einen Anspruch auf Entschädigung habe und der andere mir etwas schuldet, muss ich nichts tun. Vielmehr kann ich die Hände in den Schoß legen und mich trotzdem im Recht fühlen. Und ein Letztes: Wenn ich mich als Opfer des anderen oder der Umstände sehe und meine, daran nichts ändern zu können, dann »befreit« mich diese Einstellung von der Notwendigkeit, mein Leben so zu gestalten, wie ich es will. Dann »befreit« mich die Opferrolle von meiner Freiheit, die eben immer auch herausfordernd und ängstigend ist. Ich bin mehr Zuschauer oder Zuschauerin meines Lebens als Akteur oder Akteurin.

Doch diese Vorteile sind bestenfalls Trostpflästerchen, die unser seelisches Leiden etwas lindern, aber nicht beseitigen. Im Gegenteil: Oft beginnen die erlittenen Kränkungswunden chronisch zu eitern und vergiften zunehmend den Alltag von uns und anderen. Eine lähmende Mischung aus Schmerz, Resignation, Anklage, Bitterkeit und Groll droht das Leben zum Stillstand zu bringen. Wenn wir uns in der Opferrolle einrichten, entmächtigen wir uns selbst, denn wir nehmen alles passiv (= leidend) hin. Was wir als Schicksal beweinen, ließe sich auch als ein Mangel an

Selbstverantwortung beklagen. Und indem wir den Täter als alleinigen Verursacher unseres Unglücks ansehen, geben wir ihm eine Macht, die ihm gar nicht zusteht.

Denn wie die bisherigen Überlegungen gezeigt haben: In jede Beziehung fließen auf beiden Seiten derart viele bewusste und unbewusste Momente mit ein, dass Schuld und Unschuld, Aktivität und Passivität der Einzelnen nie glatt berechnet werden können. Wer sich hingegen darauf besinnt, wie er sich zur Wehr setzen kann oder auch zur Wehr gesetzt hat, steigt aus der einseitigen Selbstzuschreibung als Opfer aus. Und wem aufgeht, dass er Mitverantwortung an der erlittenen Kränkung trägt und in diesem Sinne »Mittäter« ist, der entdeckt, dass er auch jetzt tätig und aktiv werden kann.

Handlungsalternativen abwägen

Die vorangehenden Überlegungen zeigen, dass erneut Entscheidungen auf dem Weg des Vergebens anstehen. Daher ist es sinnvoll, dass Sie sich des bislang gegangenen Weges vergewissern: Sie haben die schmerzhafte Situation, an der Sie leiden, neu nacherlebt. Sie sind mit Ihren Kränkungsgefühlen in Berührung gekommen, ja möglicherweise qualvoll in sie eingetaucht und haben deren vitale Kraft gefühlt. Kritisch haben Sie Ihre durch die Verletzung verengte Sicht vom anderen und sich selbst durchgearbeitet und sind zu einer realistischeren Deutung des belastenden Vorfalls gelangt. Die Perspektivenerweiterung wirft nun die Frage auf: *Möchte ich aus der Opferrolle aussteigen?* Diese Frage ist bedeutsam, denn nur, wenn wir aus der Opferrolle aussteigen, kommen wir auf dem Weg des Vergebens weiter! Dies kann sich in folgenden Überlegungen und Entschlüssen konkretisieren:

- Will ich aufhören, den anderen als alleinige Ursache für mein erlittenes Unrecht verantwortlich zu machen? Diese Entscheidung bedeutet nicht, dass ich den anderen von der Verantwortung für seine Tat entbinde. Vielmehr beinhaltet sie, meine Verantwortung wahrzunehmen, dass nur ich selbst mich aus der Opferrolle befreien kann.
- Lasse ich ab vom Schuldprinzip? Höre ich auf, ein Schuldeingeständnis des anderen (stillschweigend) zu erwarten oder einzufordern?
- Will ich meine Rachefantasien hegen und pflegen und mich rächen oder verzichte ich auf Vergeltung? Entscheide ich mich für oder gegen Rache?

Sowohl Rache(fantasien) als auch die Konzentration auf die Schuldfrage sind tief sitzende menschliche Reaktionen. Daher ist es für eine tragfähige Entscheidung wichtig, sich sowohl deren negative Konsequenzen vor Augen zu führen als auch Werte in den Blick zu nehmen, die in andere Richtungen weisen.

Wie mit der Schuldfrage umgehen?

Werden wir verletzt, dann liegt eine Fixierung auf die Schuld des anderen nahe. Doch wer die Verletzungssituation durchgearbeitet und dadurch zu einer umfassenderen Sicht des Geschehens gefunden hat, wird in der Folge auch Schuld und Unschuld ausgewogener beurteilen. Möglicherweise stellt sich dann wie von selbst die

Erfahrung ein: »Weil ich meine Mitverantwortung für den Kränkungskonflikt erkenne, muss ich gar nicht mehr unbedingt auf ein Schuldeingeständnis des anderen warten. Ich kann leichter ins Auge fassen, ihm seinen Fehltritt zu vergeben und die Sache auf sich beruhen zu lassen.«

Oder es ist möglich, angesichts der deutlich gewordenen Komplexität solcher Situationen sich bewusst dafür zu entscheiden: »Ich will aus dem Kreisel der ewigen Beschuldigungen und Vorwürfe aussteigen. Ich will nicht mehr auf das Schuldgeständnis des anderen warten.« Wenn wir uns entschließen, unsere Vergebungsbereitschaft nicht mehr an das Schuldbekenntnis des anderen zu knüpfen, dann entscheiden wir uns zugleich dafür, dass die erlittene Kränkung unseren Lebensweg nicht dauerhaft blockieren darf. Wenn wir dagegen darauf beharren, dass die andere Person ihre Schuld eingesteht, bewirkt dies oft das Gegenteil: Meist leugnet sie ihre Schuld umso stärker, und die Fronten verhärten sich noch mehr. Außerdem machen wir unseren inneren Frieden vom Tun und Lassen der anderen Person abhängig. Wir schreiben ihrem Schuldbekenntnis quasi eine erlösende Kraft zu und geben ihr damit viel zu viel Macht über uns. Vielleicht überfordern wir sie sogar mit einer solchen Erwartung, denn nicht jeder hat die nötige Reife und Selbsteinsicht, um die eigene Schuld einzusehen und zu bekennen.

Gerade in einem solchen Fall stellt sich besonders deutlich die Frage, welchen Stellenwert wir der Klärung der Schuldfrage und einem Schuldbekenntnis des anderen einräumen. Natürlich *können* wir »auf Teufel komm raus« darauf beharren, doch wir *müssen* es nicht. Vielmehr vermögen wir auch anderen Werten den Vorrang zu geben: der Wiederherstellung unseres inneren Friedens und der zwischenmenschlichen Beziehung. Das Neue Testament lädt ein, diesen Werten den Vorzug zu geben, um letztlich die Überlegung hinter sich zu lassen, wer von den Betroffenen zum ersten Schritt verpflichtet sein soll – aus der Überzeugung heraus, dass es ein höheres Gut ist, neu zu einem guten Miteinander zu finden.

Es fällt selbstverständlich leichter, dem anderen nicht mehr »böse« zu sein, wenn dieser sieht, was er in einem angerichtet hat, wenn es ihm aufrichtig leid tut und er dies auch ausdrückt. Viele Untersuchungen zeigen, dass es eine Korrelation gibt zwischen der Bereitschaft, jemandem zu vergeben, und dessen spürbarem Bedauern. Diesen Zusammenhang möchte ich in keiner Weise in Abrede stellen. Worauf ich jedoch hinweisen möchte ist, dass es schnell in eine Sackgasse führt, wenn wir (stillschweigend) auf ein Schuldeingeständnis warten. Im Unterschied dazu führt es weiter, wenn wir andere Werte wie den inneren Frieden und die zwischenmenschliche Versöhnung ins Zentrum stellen. Damit aber keine Missverständnisse entstehen, sei an dieser Stelle deutlich betont: Auf Schuldbekenntnis und Reue zu verzichten darf nicht damit gleichgesetzt werden, dass wir darauf verzichten, dem anderen mitzuteilen, dass er uns gekränkt hat.

Noch ein Letztes zur Schuldfrage: Zwischen der Scharfsichtigkeit für die Fehler unserer Mitmenschen und der Blindheit für die eigenen Macken besteht in der Regel ein Zusammenhang. Ja, oft werden die eigenen Schattenseiten auf den anderen projiziert, wie folgende Szene zeigt: »Schatz«, sagt eine Frau zu ihrem Mann auf der Party, »trink lieber nichts mehr! Du siehst schon so verschwommen aus« (Anthony de Mello). Wir regen uns über Eigenschaften des anderen auf, weil wir dieselben

Eigenschaften bei uns (unbewusst) ablehnen. Wir wollen dem andern einen Splitter aus dem Auge ziehen, übersehen aber dabei, dass wir selbst einen Balken im Auge haben (vgl. Matthäus 7,3). Wenn wir uns auf die Schuld des anderen konzentrieren und ihn verurteilen, laufen wir daher Gefahr, uns selbst zu verurteilen. Umgekehrt gilt: Je mehr wir die ungeliebten Seiten am eigenen Ich annehmen, umso eher können wir dann auch die Schwächen und Verfehlungen anderer vergeben. Vielleicht entdecken wir sogar die »Träne im Bruderaug« (Paul Celan). Tränen sind ein wehrloses Zeichen. Sie können Verhärtung lösen und Verbundenheit bewirken: »Wir wohnen darin«, so fährt Celan in seinem Gedicht »Jakobsstimme« fort.

Wie mit Rache-Impulsen umgehen?

Kränkungen führen oft zu Rachegefühlen oder sogar zu Rachehandlungen. Sie zielen auf Ausgleich, entsprechend dem Prinzip: Wie du mir, so ich dir. Ich will den anderen so verletzen, wie ich selbst verletzt worden bin. Doch dieser Weg, mit einer Kränkung umzugehen, führt aus der eigenen Not nicht heraus. Im Gegenteil: Solange ich von Vergeltung träume oder mich räche, bleibe ich in der Opferrolle. Auch wird durch die Schädigung des anderen die eigene Wunde ja noch lange nicht geheilt. Vor allem aber besteht die Gefahr, dass sich der Konflikt durch den Versuch, Gleiches mit Gleichem zu vergelten, ausweitet. Ein Kreislauf immer weiterer Verletzungen wird in Gang gesetzt und droht, in einen Teufelskreis zerstörerischer Wiederholungen zu führen. Der Weg der Rache führt ins Ausweglose (ausführlich dazu: Kapitel 1).

In beeindruckender Weise zeigt Jesus mit seinem Leben und seiner Lehre einen Weg, der aus dem Kreislauf der Rache herausführt. In der Bergpredigt preist er jene glücklich, die keine Gewalt anwenden, denn sie werden in Gottes neuer Welt leben. Und er fährt fort: »Es heißt auch: ›Auge um Auge, Zahn um Zahn.‹ Ich aber sage euch: Wenn man euch Böses antut, dann vergeltet nicht Gleiches mit Gleichem! Nehmt überhaupt Abstand von Vergeltung und Rache und gebt so dem Bösen nicht noch mehr Raum! Im Gegenteil: Wenn dich jemand auf die rechte Wange schlägt, dann halte ihm auch noch die linke hin. Und wenn dich einer vor Gericht bringen will, um dir das Hemd wegzunehmen, dann lass ihm auch den Mantel« (vgl. Matthäus 5).

Was Jesus hier sagt, klingt verrückt! Aber allein durch diese Verrückung kann das Schema von Gewalt und Gegengewalt überwunden werden. Sich von alten Abhängigkeiten zu lösen ist ungeheuer schwer. Oft läuft der Mensch in die Falle der Wiederholungsmuster: Die Mutter lehnt ihre Tochter ab und vernachlässigt sie – und diese wiederholt das Schema ihrer eigenen Tochter gegenüber. Das Böse funktioniert wie ein sich selbst reproduzierender Mechanismus.

Die Gewaltfreiheit, die Jesus predigt und lebt, ist keine Botschaft für Angsthasen und Leisetreter. Denn Aggression und Beleidigung sollen nicht stillschweigend hingenommen werden. Dem gewalttätigen Gegenüber die andere Wange hinzuhalten ist vielmehr eine gewaltlose Provokation, die ihm die eigene Aggressivität bewusst machen will. Damit traut Jesus dem anderen zu, dass er erkennen kann, was gut und recht ist. Als Jesus während des Verhörs durch den Hohenpriester von dessen Diener geschlagen wird, schlägt er nicht zurück. Aber er stellt den Diener zur Rede: »Wenn ich etwas Unrechtes gesagt habe, so weise es mir nach. Wenn ich aber die Wahrheit gesprochen habe, warum schlägst du mich?« (vgl. Johannes 18,23). Mit seinem Verzicht auf den Gegenschlag appelliert Jesus an Ethos und Gewissen dieses Mannes. Die Gewaltfreiheit Jesu ist also keine feige Unterwerfung, sondern kommt aus einer inneren Stärke, die den Gewalttätigen zum Nachdenken und zur Umkehr veranlassen will. Beeindruckende Persönlichkeiten wie Mahatma Gandhi und Dorothy Day zeigen in unserer Zeit die aufbauende, schöpferische Kraft von Rache- und Gewaltverzicht. Der heilende und kreative Weg der inneren Aussöhnung ist zuinnerst mit dem Entschluss verbunden, auf Vergeltung und auf die Pflege von Rachefantasien zu verzichten.

7

Das Vergangene verabschieden

Wer vom Konfliktpartner und von sich selbst ein vertieftes Verständnis gewinnt, kann freier werden von der Last der Grübelei und Kränkung. Und wer sich entschließt, aus den Mechanismen der Rache(fantasien) und Schuldzuweisungen auszusteigen, entscheidet sich zugleich dafür, dass die erlittene Verletzung den eigenen Lebensweg nicht dauerhaft blockieren darf. Diese Schritte bereiten ein Wesenselement der inneren Aussöhnung vor, nämlich: den schmerzhaften Verlust zu akzeptieren, der von der Verletzung ausging, und ihn zu betrauern. Denn nur wenn wir den Schmerz als zu uns gehörend annehmen, werden wir ihn nicht mehr an die kränkende Person oder an andere weitergeben. Nur wenn wir fähig und bereit sind, über den erlittenen Verlust zu trauern, befinden wir uns auf dem Weg der Heilung.

Trauern als Weg zu neuen Lebensmöglichkeiten

Tagebucheintrag

Heute Nacht hatte ich einen Traum, durch den mir aufging, wie sehr ich immer noch versuche, die Freundschaft mit B. zu retten – und es doch nicht kann.

Ich hatte mich mit B. verabredet, um gemeinsam zum Schwimmen zu gehen, doch B. sagte die Verabredung aufgrund eines wichtigen Termins ab. Obwohl ich es nachvollziehen kann, bin ich zugleich enttäuscht. Irgendwann gehe ich allein zum Hafen. Ich steige auf ein Schiff in der Annahme, dass auch B. später an Bord kommen wird. Es löst sich vom Ufer und auf einmal entdecke ich, dass ich völlig allein auf dem Dampfer bin. Von einer starken Strömung getrieben driftet er auf das offene Meer zu. Ich bekomme schreckliche Angst und schreie um Hilfe. Aber keiner hört mich.

In meiner Todesangst springe ich ins Meer und versuche unter Aufbietung aller meiner Kräfte, das riesige Schiff an einem Tau in den Hafen zurückzuziehen. Sobald ich in meiner Anstrengung etwas nachlasse – die Todesangst verleiht mir ungeahnte Kräfte –, treibt die starke Gegenströmung mich wieder hinaus. Schließlich erreiche ich doch noch das Ufer, jedoch an einem anderen Anlegesteg, und klettere an Land. Ich halte den Dampfer an dem dicken Tau fest. Doch bald entgleitet mir dieses wieder und das Schiff wird fortgetrieben. Voll Schreck sehe ich es davongleiten und mir ist klar, dass ich es nicht allein treiben lassen darf. Ich springe wieder in das dreckige, ekelhafte Brackwasser des Hafens und versuche, am Ufer entlang schwimmend, den schon weit entfernten Dampfer einzuholen. Schnell wird mir deutlich, dass ich ihn nur einholen werde, wenn ich mich vom schützenden Ufer entferne. Ich überwinde meine Angst und mache einige kräftige Schwimmzüge ins Meer hinaus. Der Abstand zum Schiff verringert sich. Schließlich habe ich es eingeholt, ergreife das im Wasser hängende Tau und will das Schiff wieder zurückziehen. Doch meine Kräfte reichen nicht mehr! Verzweifelt kämpfe ich gegen den Strom und gegen die Gewalt der mich immer weiter hinaustreibenden Fluten an. Wenn ich das Schiff losließe, würde ich vielleicht ans Ufer zurückgelangen, aber ich darf das Schiff nicht loslassen!

Ich spüre: Ich habe den Kampf verloren! Mir wird es nicht gelingen, den Dampfer zurück in den Hafen zu bringen. Ich

gebe auf und klettere unter Aufbietung meiner letzten Kräfte an
Bord. Ich schaue, wohin mich das Schiff treibt, und versuche, es
um Klippen und Untiefen herum zu manövrieren. Schließlich
steuere ich es an ein mir fremdes Ufer, um mich dort auszuru-
hen. Endlich an Land setze ich mich in den Sand und blicke voll
Schmerz zurück. Der Hafen ist nicht mehr zu sehen. Er liegt in
weiter Ferne und ist für mich unerreichbar geworden. Trauer
überwältigt mich und ich weine ... weine ... weine ...

Um inneren Frieden zu finden, ist es wichtig, die eigene
Verwundung mit der Zeit möglichst nüchtern anzuschau-
en – so dass diese also weder dramatisiert noch minima-
lisiert wird. Die im Verlauf des Vergebensprozesses ge-
wonnene Blickerweiterung verhilft zu einer solchen Sicht.
Vielleicht geht Ihnen auf, was Sie durch die Kränkung verloren haben. Sie spüren nun, dass Sie noch gar nicht den
tatsächlichen Verlust, den Sie erlitten haben, in angemes-
sener Weise betrauert haben. Vielleicht haben Sie noch gar
nicht richtig um sich selbst geweint. Wenn Sie trauern und
klagen können, sind Sie auf dem Weg der Heilung. Denn
wenn Sie Ihre Trauer über das Verlorene zulassen, kämpfen
Sie nicht mehr gegen die Realität an, sondern ergeben sich.
Sie »kapitulieren« vor der Wirklichkeit um eines erhofften
Friedens willen. Oder weniger kriegerisch ausgedrückt:
Wenn Sie trauern, lassen Sie zu, was ist, und beginnen, mit
dem Unvermeidlichen zu kooperieren. So wie Matthias
Claudius in einem Brief an seinen Sohn Johannes schrieb:
»Die Wahrheit, mein lieber Sohn, richtet sich nicht nach
uns, sondern wir müssen uns nach der Wahrheit richten.«
Wenn Sie trauern, akzeptieren Sie die Veränderung, die
Sie nicht mehr rückgängig machen können. Und dadurch
kann sich etwas in Ihnen selbst wandeln.

Zum einen vermag die Trauer über das Verlorene oft auch den Blick für das Bleibende zu öffnen. Wir entdecken, dass die guten gemeinsamen Stunden mit der anderen Person nicht einfach durchgestrichen sind. Und selbst wenn die Beziehung unwiderruflich zerbrochen sein sollte, so sind die guten Erfahrungen zwar vergangen, aber nicht ausradiert. Vielleicht blitzt dann sogar ein Gefühl von Dankbarkeit auf ... Dankbarkeit streicht die Trauer nicht durch, doch sie bewahrt das Herz vor der Verzweiflung. Und dazu können wir uns entschließen: dass wir anerkennen, was in uns Gefühle der Dankbarkeit weckt.

Zum anderen werden wir erst frei für einen Weg, der aus der erlittenen Kränkung herausführt, wenn wir nicht auf Dauer gegen diese ankämpfen, sondern in einem gewissen Sinne in sie einwilligen. Nur wenn wir über das durch die Kränkung Verlorene trauern, werden wir eines Tages auch vergeben können. Rabindranath Tagore schrieb in seinem Nekrolog auf Lady Mountbatten, der letzten englischen Generalgouverneurin von Indien: »Befreie mich von meiner unerfüllten Vergangenheit, die sich von hinten an mich klammert und mir das Sterben (und Mich-Wandeln) schwermacht.«[10]

Hier wird die große Bitte geäußert, von einer enttäuschenden Vergangenheit und von Verletzungen frei zu werden. Diese können sich von hinten an einen krallen und am Weitergehen hindern. »Damit ich leichter sterben kann«, das heißt vielleicht auch: damit ich leichter Abschied nehmen kann. Damit ich unbeschwerter weitergehen kann. Damit ich sterbend auferstehen kann. Damit meine in der Vergangenheit erlittene Verletzung nicht wie ein Grabstein neues Leben blockiert und verhindert.

Es ist offensichtlich, dass sich die vorangehenden

Hoffnungsbilder dem christlichen Glauben verdanken. Dass ich an dieser Stelle wie an vielen anderen die christliche Spiritualität einbringe, liegt nicht allein an meiner persönlichen Überzeugung. Vielmehr zeigen zahlreiche Studien, dass das je eigene Weltbild und die spirituelle Orientierung eine äußerst wichtige Rolle auf dem Weg des Vergebens spielen. Die Tragfähigkeit und Stimmigkeit einer Weltsicht und einer Glaubensüberzeugung zeigt sich wesentlich darin, was sie für den Umgang mit Grenzsituationen bereithält: für den Umgang mit dem Ungerechten und Sinnlosen, mit dem eigenen Versagen und dem von anderen, mit Grenzen, Tragik und Schmerz ... Daher möchte ich Sie anregen, darüber nachzudenken, welche Hinweise und Motive Ihre Weltsicht und Spiritualität für den heilenden Umgang mit Kränkungen bereithält.

- Welche Hilfen stellt meine Weltsicht bereit zum Umgang mit Unrecht und Versagen? Welche Hinweise gibt sie zur Vergeltung und zum Racheverzicht?
- Kann ich Trauer und Verlust in einen größeren Sinn- oder Lebenszusammenhang einordnen?
- Wie wird in meiner Weltsicht menschliches Leiden gedeutet? Welche Hilfen gibt sie, Schmerz zu akzeptieren und Grenzen anzunehmen?
- Kenne ich eine Persönlichkeit aus Geschichte oder Gegenwart, mit der ich mich in meiner Kränkungssituation identifizieren kann und will?

Heilsame Enttäuschungen

Eine Kette, die an die Vergangenheit schmiedet, ist die Frage nach dem Warum: »Warum musste mir das passieren? Warum hat der andere mir so übel mitgespielt? Warum muss das Leben so sein, wie es ist?« Wer nach dem Warum fragt, wendet sich um und sucht rückblickend nach den Gründen seines Elends. Doch wir bewegen uns nur dann weiter, wenn wir die Blickrichtung ändern, wenn wir nach vorne schauen und fragen: »Kann diese ganze Geschichte möglicherweise auch für etwas gut sein? Entdecke ich irgendwelche positiven Auswirkungen?«

Vielleicht lesen Sie diese Zeilen voller Entrüstung oder Ärger und fühlen sich überfahren. Das könnte ein Hinweis sein, dass es momentan noch nicht an der Zeit ist, die Frage nach dem Sinn zu stellen. Möglicherweise handelt es sich aber auch um eine positive Provokation (lat.: pro-vocare = hervor-rufen), die aus eingefahrenen Einstellungen und Ansichten herausführt und neue, heilende Perspektiven hervorruft.

Vielleicht bejahen Sie aber auch die obige Frage, weil Sie erfahren oder erahnen, dass Sie durch den Verlust etwas gewonnen haben. Das kann sich in Einsichten äußern wie: »Der Liebeskummer hat mich mehr zu mir selbst geführt. Ich bin nun weniger abhängig von der Liebe anderer und mehr bei mir selbst zu Hause.« »Ich habe gelernt, klar und rechtzeitig ›Nein‹ zu sagen, wenn etwas meiner Überzeugung widerspricht.« Oder: »Endlich habe ich meinen Stolz überwunden und um Hilfe gebeten. Was für eine Befreiung!« »Ich bin nun geduldiger mit anderen und habe mehr Verständnis für sie.« »Ich habe mich besser kennengelernt – und auch die Kraft, die in mir steckt.«

Oder: »Ich bin meiner Schwäche begegnet und dadurch mit einem Teil von mir selbst in Berührung gekommen, den ich bislang so nicht kannte. Nun kann ich besser damit leben, dass ich nicht immer nur stark und gut drauf bin.« »Ich fühlte mich trotz aller Stürme in der Tiefe von Gott getragen und das hat mein Vertrauen in ihn wachsen lassen.«

Solch positive Errungenschaften – und sie müssen tatsächlich errungen werden, da sie einem selten in den Schoß fallen – zeigen: Es gibt Enttäuschungen, die heilsam sind, weil sie zu einer vertieften *Selbsterkenntnis* führen: Die Verletzung kann mich auf meine Grenzen aufmerksam machen oder auf überzogene Erwartungen mir und anderen gegenüber. Sie kann mir sensible Empfindlichkeiten und schlecht verheilte alte Wunden ins Bewusstsein rufen. Sie entlarvt meine idealisierten Selbstbilder und deckt Phantombilder vom eigenen Ich auf. Derart von mir selbst enttäuscht, werde ich freier von mancher Selbsttäuschung, von Fehleinschätzungen und Unwahrhaftigkeiten. Vielleicht muss ich mir eingestehen, nicht so stark oder souverän zu sein, wie ich gerne nach außen erscheine. Oder dass ich von Erfolg oder Aufmerksamkeit viel abhängiger bin als bisher gedacht – und damit auch viel verletzlicher und manipulierbarer als bislang eingestanden. Am Grund meiner Kränkung komme ich möglicherweise mit der eigenen Widersprüchlichkeit, mit meiner tiefen Unsicherheit und meinem zerbrechlichen Selbstwertgefühl in Berührung …

Es kann aber auch sein, dass die Kränkung und ihre allmähliche Verarbeitung von einer ganz anderen Form von Selbsttäuschung befreit. Dass nämlich jemand entdeckt: »Ich bin gar nicht so ein armes ›Hascherl‹, wie ich bislang meinte! So viel Kraft, Willensstärke und Geduld hätte ich mir nie zugetraut. Ich habe mich durch meinen Ärger von der Person, die mich verletzt hat, distanziert. Ich habe aufgehört, meine Gefühle zu umgehen, und versuche, bewusst mit ihnen umzugehen. Ich habe auch selber mitgemischt in der Konfliktgeschichte und es ist mir gelungen, aus dem Kreislauf der Schuldzuweisung auszusteigen.« Für viele liegt die positive Folge einer erlittenen Kränkung in der befreienden Erfahrung, dass zur Wirklichkeit ihrer Person auch ihre »Wirksamkeit« gehört: dass sie ihr Leben und ihre Beziehungen anders und neu gestalten können.

Auch die *zwischenmenschliche* Enttäuschung, die eine Kränkung zwangsläufig mit sich bringt, bewirkt möglicherweise ein förderliches Freiwerden von Täuschungen. So neigen beispielsweise viele dazu, einen geliebten Menschen mit einem idealisierten Heiligenschein zu umgeben. Je höher ihre unrealistischen Erwartungen an den anderen sind, umso tiefer ist dann ihre Niedergeschlagenheit. Eine heilsame Einsicht lautet dann etwa: »Die andere Person ist nicht so, wie ich mir das bisher gedacht oder erträumt habe. Die Hoffnung, dass sie mir die geheimsten Wünsche von den Augen abliest und mir immer Aufmerksamkeit schenkt, entpuppt sich als Wunschtraum. Es gibt keine idealen Ehepartner, Mitschwestern oder Freunde. Sie sind mir nicht immer wohlgesonnen. Sie haben nicht die Sensibilität, all meine verborgenen Wunden wahrzunehmen und mich entsprechend sanft zu berühren. Sie sind endlich und begrenzt – wie ich selbst.«

Als Bundeskanzler Konrad Adenauer gefragt wurde, warum es ihm nicht viel ausmache, dass er so viele Feinde habe, sagte er: »Man muss die Menschen nehmen, wie sie sind. Es gibt keine anderen.« In solchen Einsichten leuchtet ein Stück Lebensweisheit auf. Verletzungen können klüger machen im Sinne eines Entwickelns von Strategien, um die Verletzungsgefahr zu verringern. Und sie können weiser machen im Sinne einer größeren Gelassenheit und Barmherzigkeit. Wenngleich die Einsicht schmerzt, so gehören auch Missverständnisse, Verletzungen, Ungerechtigkeit oder Verrat zu den Elementen, aus denen unsere reale Welt eben zusammengesetzt ist.

Schließlich können erlittene Enttäuschungen sogar liebesfähiger machen. Die Begegnung mit eigenen wunden Stellen sensibilisiert uns möglicherweise dafür, mit den Schwächen anderer verständnisvoller und barmherziger umzugehen. Und je freier wir von Täuschungen werden, umso fähiger werden wir, eine Person als die zu lieben, die sie in Wahrheit ist. »Die Enttäuschung hält die Liebe bei Kräften«, formulierte Franz Rosenzweig gleichermaßen prägnant wie provozierend.

Eine jede und ein jeder sehnt sich danach, restlos angenommen und geliebt zu werden und selbst so unbedingt lieben zu können. Doch diese vorbehaltlose Liebe vermögen wir einander in unserem täglichen Leben nicht zu geben. Daher kann auch niemand unsere grenzenlose Sehnsucht stillen, denn selbst die uns vertrauteste und liebste Person ist und bleibt ein in ihrer Liebesfähigkeit begrenzter Mensch. Sich mit dieser Realität auszusöhnen fordert immer wieder schmerzlich heraus. Wir müssen einander vergeben, nicht grenzenlos wie Gott zu lieben, schrieb Henri Nouwen. Wenn wir uns dieser Herausforderung nicht stellen, überfordern wir einander maßlos.

Es zeigt sich: Kränkungen und die damit verbundenen

Enttäuschungen können zu einem Pfad werden, der zu einer tieferen Erfahrung des eigenen »Ichs« und des anderen führt und uns einen größeren Horizont des Lebens eröffnet.

Die folgenden Fragen richten die Aufmerksamkeit auf mögliche positive Folgen der eigenen Verletzung.

- Was habe ich durch die erlittene Verletzung gelernt?
- Bin ich zu neuen Einsichten über mich gelangt? Welche Kräfte habe ich in mir entdeckt? Und welche Grenzen?
- Bin ich menschlicher geworden? Reifer, mutiger, friedfertiger, innerlich stärker, ethisch sensibler?
- Habe ich beschlossen, mein Beziehungsverhalten zu verändern?
- Haben andere durch meine Veränderung gewonnen?
- Hat sich meine Gottesbeziehung verändert?

Im Nachdenken über positive Auswirkungen einer Verletzung für das eigene Leben sind zwei Punkte zu beachten. *Erstens:* Es steht niemand anderem als Ihnen selbst zu, einen Sinn zu finden in der Ungerechtigkeit oder Kränkung, die Sie erlitten haben. Und darüber hinaus *kann* dies auch kein anderer für Sie tun. Denn die Suche nach Sinn ist nicht delegierbar. Dass etwas sinnvoll ist, kann einem immer nur selbst aufgehen. Allerdings ist es oft wichtig, dass jemand da ist, der dazu animiert, sich auf die Suche zu machen.

Zweitens: Ob ein Mensch durch eine erlittene Kränkung hindurchfindet und auf dem Weg der inneren Aussöhnung reifen kann, oder ob jemand darin stecken bleibt und immer wieder mit Bitterkeit zu kämpfen hat – das liegt nicht allein in der Verfügung des Einzelnen! Im Vergeben-Können fließt vieles zusammen, nicht zuletzt auch die Erfahrung, dass es ein unverfügbares *Geschenk* ist, wenn man das Vorkommnis irgendwann »gut sein« lassen kann. Mit diesen Überlegungen möchte ich keinen billigen Ratschlägen folgen im Sinne von: »Wenn du durch Scheitern nicht gescheiter geworden bist, bist du gescheitert.« In einem solchen Zwang zur Selbstoptimierung äußert sich eine negative Seite des positiven Denkens. Wohl aber will ich anregen, nach einem möglichen Sinn der Verletzung zu suchen, und auf positive Folgen hinweisen, die es Ihnen erleichtern, das Geschehene zu bejahen.

Wage das Ja und du erlebst Sinn
(Dag Hammarskjöld)

Tagebucheintrag

Heute hatte ich frei und bin mit dem Bus von Ramallah nach Betlehem gefahren. Betlehem, das klingt nach Weihnachtsromantik, Liebe und Frieden. Doch die Wirklichkeit sieht anders aus. Die Invasion der israelischen Panzer vor drei Jahren ist heute noch an den Einschlägen in den hellen Granitmauern ablesbar. Um wie viel tiefer und nachhaltiger wird sich die Besetzung in die Lebensgeschichte der Menschen hier vor Ort eingeschrieben haben ...

Umso mehr haben mich die »Scherbenengel« überrascht, die in einem kleinen Laden zum Verkauf angeboten werden: Durch die militärische Invasion waren die Straßen von Betlehem mit bunten Glasscherben übersät, denn die farbigen Fenster der Häuser und Kirchen waren dabei zu Bruch gegangen. Bereits

Das Vergangene verabschieden

im Advent 2002 fingen junge christliche Palästinenserinnen an,
aus dem Ergebnis der Zerstörung kleine Engel zusammenzu-
setzen, indem sie die Glasstücke mit Metallstegen aneinander-
löteten. So kamen sie zu Arbeit und Brot und verwandelten die
Spuren der Verwüstung in ein Zeichen der Hoffnung und des
Friedens.

Es ist paradox: Einerseits fällt es uns leichter, etwas
Schwieriges anzunehmen, wenn wir dessen Sinn erahnen. Andererseits erschließt sich der Sinn insbesondere
von leidvollen Widerfahrnissen oder Situationen erst,
wenn wir diese bejahen und uns darauf einlassen. Wir
entdecken den Reichtum an Möglichkeiten, der selbst
in einer schmerzhaften Wirklichkeit liegt, nämlich erst
dann, wenn wir deren Entwicklungsmöglichkeiten auf-
spüren und nutzen *wollen.* In diese Richtung weist die
Notiz des UNO-Generalsekretärs Dag Hammarskjöld, der
in sein Tagebuch schrieb: »Wage das Ja und du erlebst
Sinn.« Das Ja, mit dem wir eine Situation annehmen und
konstruktiv gestalten, ist der entscheidende Schritt, um
sinnloses Kreisen zu verlassen und dem Leben eine neue
Richtung zu geben. Oder anders gesagt: um dem Leben
einen Sinn zu geben. »Sinn« kommt vom althochdeut-
schen »sinnan« (fahren, reisen, anstreben) und beinhaltet
den Richtungsgedanken, was beispielsweise noch in der
Rede vom »Uhrzeiger-Sinn« deutlich wird. Indem wir unserem Leben eine Richtung geben, finden die einzelnen
Schritte einen sinnvollen Zusammenhang. Und dies ist
von größter Bedeutung, denn wie unser Körper das Essen,
so braucht unsere Seele tragfähigen Sinn.

Was bedeutet dies für den Weg der inneren Aussöhnung? Wir können die erlittene Verletzung nicht ändern.

Die Vergangenheit lässt sich nicht ungeschehen machen, denn der Zeitpfeil ist unumkehrbar. Doch wir können eine andere Einstellung gegenüber dem vergangenen Geschehen einnehmen. Wir können uns entschließen, es aus einer neuen Perspektive zu betrachten, indem wir das aus ihm Gelernte sehen und wertschätzen. Wenn wir unsere Einstellung und damit uns selbst ändern, so wandelt sich auch der Blick auf den Verlust und das Zerbrochene. Sinn kann aufleuchten.

Leonard Bernstein hat eine »Messe« komponiert, in der ein Priester mit einem gläsernen Kelch inmitten vieler Menschen tanzt. Doch plötzlich fällt der Kelch zu Boden und zerbricht. Die Musik bricht ab, der Priester ist plötzlich ganz allein. Er bückt sich und hebt eine Glasscherbe auf. Er hält sie ins Licht und sagt: »Mir war noch nie bewusst, dass zerbrochenes Glas so strahlend leuchten kann.«

Wie wir die Dinge sehen, was wir tun und wie wir es tun – all das hängt davon ab, welche innere Vision unserem Suchen Flügel verleiht. Das Leben stellt tagtäglich an uns die Frage: »Welche Ziele stellt dir deine Weltsicht vor Augen, die Orientierung und Sinn stiften? Welche Werte zeigt sie dir auf, für die es sich lohnt, morgens aufzustehen, und für die du leben willst?«

Eine bekannte Geschichte macht die vitalisierende Kraft von sinnstiftenden Zielen deutlich: Auf einer Baustelle arbeiteten drei Steinmetze. Sie schlugen Quader zurecht. Ein Fremder kam und fragte den Ersten: »Was tust du da?« Dieser erwiderte mürrisch: »Ich haue Steine.« Der Zweite gab zur Antwort: »Ich verdiene mein Brot.« Auch dem Dritten war die Anstrengung anzusehen, doch er antwortete mit leuchtenden Augen: »Ich baue an einem Dom.«

Vergeben lebt von der Kraft, sich auf etwas auszurichten, was noch nicht sichtbar ist. Vergeben lebt von der Kraft der Hoffnung und des Vertrauens. Es ist ein Geschenk, wenn wir Menschen begegnen, deren Leben einen Sinn widerspiegelt, der größer ist als sie selbst. Wenn wir auf Menschen treffen, in deren Leben ein Versprechen sichtbar wird, das uns befähigt und ermutigt, die Welt – allen Widrigkeiten zum Trotz – zu bejahen.

Für Christinnen und Christen können enttäuschende Verwundungen und zerbrochene Hoffnungen einen tieferen, leuchtenden Sinn erhalten, wenn sie im Zusammenhang mit der Person Jesu Christi gesehen und in der Beziehung mit ihm gelebt werden. Paulus schreibt: »Was kann uns von Christus und seiner Liebe trennen? Bedrängnis oder Angst vielleicht? Oder Verfolgung, Hunger und Kälte? Gefahr und gewaltsamer Tod? ... All das überwinden wir durch den, der uns geliebt hat. Denn ich bin gewiss: Weder Tod noch Leben, weder Engel noch Mächte, weder die Sorgen von heute noch die Unsicherheit von morgen, weder Gewalten der Höhe oder Tiefe noch irgendeine andere Macht können uns trennen von der Liebe Gottes, die er uns in Christus Jesus, unserem Herrn, erwiesen hat« (vgl. Römer 8,35–39). Was für eine Hoffnung bricht sich hier Bahn! Wenn wir aufgehoben sind in dem großen Zusammenhang, der Liebe heißt, dann dürfen wir darauf hoffen, dass nicht Absurdität und Schmerz das letzte Wort haben, sondern dass auch die schmerzlichen Enttäuschungen und Verwundungen ihren Platz und Sinn finden werden. In diesem lichten Horizont kann ein Ja zu allem, was geschehen ist, langsam heranreifen.

Die Kunst der Selbstannahme

»Wie konnte ich so dumm sein, diesem Menschen zu vertrauen?!« »Warum bin ich so blöd gewesen, dass ich die Probleme nicht vorhergesehen habe!« »Warum habe ich nur zugelassen, dass man mich so erniedrigt und entwürdigt! Und noch wütender macht mich, dass ich dann noch angefangen habe, mich selber zu entwerten.« »Ich Idiot! Ich könnte mir in den Hintern treten, dass ich mich wieder so blind verliebt habe.«

Kennen Sie solche inneren Selbstvorwürfe, die Sie gebetsmühlenartig wiederholen? Oder vielleicht auch Schimpfwörter, mit denen Sie sich selbst erniedrigen? Dann geht es Ihnen so wie vielen anderen. Oft können verletzte Menschen sich selbst nicht vergeben – etwa, dass sie sich in eine schwierige Situation gebracht oder nicht souveräner reagiert haben, dass sie sich selbst oder anderen in ihrer Wut geschadet haben, dass … Ein großer Teil der Wut ist eine Wut auf ihre eigene Person. Sie führen gegen sich selbst Krieg.

Das schwierigste Ja ist vermutlich das Ja zu sich selbst. Häufig liegen wir Menschen mit uns im Streit und können uns mit unseren Grenzen, mit unserem Versagen und unserer Schuld nicht annehmen. Wir wollen unsere Schwächen und Mängel, die durch die erlittene Kränkung wiederholt ans Licht gekommen sind, nicht akzeptieren. Wir sind eher gegen uns als für uns.

Was sind die Ursprünge einer solchen Geringschätzung oder gar Selbstverachtung? Eine häufige Ursache liegt in einem *überhöhten Idealbild.* Der meiste Ärger entsteht dadurch, dass wir den eigenen Idealen nicht gerecht geworden sind; dass wir etwas nicht gut genug gemacht haben oder nicht top und perfekt gewesen sind. In jedem Menschen gibt es den Wunsch nach absolutem Glück – ein Wunsch, der dazu verleitet, die Messlatte über alles Gegebene hinaus immer noch ein Stückchen höher zu hängen. Dazu kommen der Perfektionismus und Leistungsdruck unserer Gesellschaft. Tagtäglich werden wir mit dem Credo konfrontiert: »Erfolg ist alles. Die Aufsteiger und Sieger bestimmen die Szene. Schwachpunkte dürfen nicht sein. Und falls es sie doch geben sollte, müssen sie ausgeblendet oder retuschiert werden.« Die Gefahr, diese Glaubenssätze zu verinnerlichen, ist groß. Dann residieren der knallharte Chef, die strenge Begutachterin, der ungnädige Richter vor allem im eigenen Innern. In einer solchen inneren Besetzung behandeln wir unsere Schwächen und Fehler wie Todfeinde, bekämpfen sie und wollen sie ausmerzen. Doch bei diesem Abwehrkampf stehen wir nicht nur auf verlorenem Posten, sondern wir übersehen: Grenzen und Schwächen sind – wie Stärken und Begabungen – keine ethischen Kategorien. Das heißt, bei ihnen handelt es sich nicht um Haltungen oder Verhaltensweisen, die sein *sollen* oder *nicht* sein *sollen*. Vielmehr sind sie Grundgegebenheiten unseres Daseins. Schwäche und Stärke, Lichtes und Dunkles prägen das Leben eines jeden Menschen. Die Voraussetzung für dauerhaftes Glück und echten Frieden besteht nun genau darin, dass wir uns selbst annehmen – und zwar unsere ganze Wirklichkeit und nicht nur unsere halbe, lichte Seite.

Will ich annehmen, ja umarmen können, was mir so gar nicht liegt und meinem Selbstbild widerspricht: die Angst und Bequemlichkeit, das Destruktive und Lieblose, mein wackliges Selbstwertgefühl und meine Zerbrechlichkeit? Will ich wohlwollend darauf schauen können, dass ich mit mir selbst zu streng war, dass ich meine Erwartungen zu hoch gesteckt und mich nach dem Scheitern selbst beschimpft habe? Kann ich mir meinen perfektionistischen Charakter vergeben, meine Bedürftigkeit und meine Unfähigkeit, mich selbst zu schützen? Bin ich bereit, mich von Selbstidealisierungen und Allmachtsfantasien zu verabschieden? Will ich mir vergeben, dass ich nicht so perfekt und unangreifbar bin, wie ich es gerne wäre? Diese oder ähnliche Fragen stellen sich auf dem Weg der Vergebung, und zwar immer wieder neu. Denn sich mit sich selbst anzufreunden ist ein lebenslanger Prozess. Immer wieder tauchen Seiten auf, die einen ärgern und die man am liebsten verleugnen würde. Dann gilt es, erneut Ja zu sagen zu allem, was in einem ist, es anzunehmen und zu umarmen.

Von Franz von Assisi wird eine vielsagende Geschichte überliefert: Ausdrücklich schreibt Franziskus in seinem Testament, der Anfang seiner Bekehrung sei gewesen, dass er einen Aussätzigen geküsst habe. Zuvor hatte Franziskus diesen Kranken gemieden und war vor ihm davongelaufen. Diese Szene lässt sich auch deuten als eine Flucht vor der eigenen Krankheit und Zerbrechlichkeit. Indem Franziskus den Aussätzigen umarmt, umarmt er auch sein eigenes Menschsein mit seinen Kränkungen und Zerbrechlichkeiten und mit seinem »Schatten«.

Unbehagen an sich selbst kann auch vom eigenen »*Schatten*« ausgehen. Jeder hat dunkle Seiten, die er gerne vor sich und anderen verbergen möchte; Aspekte seiner selbst, die er nicht zu entwickeln vermochte und die aus den Dunkelkammern des Unbewussten als Schatten aufsteigen. Je mehr ich meinen Schatten wahrnehme und annehme, umso mehr werde ich eins mit mir selbst; desto mehr wächst das Empfinden von Echtheit, Stimmigkeit und innerem Frieden. Und schließlich: Je mehr ich meinen Schatten akzeptiere, umso weniger brauche ich diesen zu projizieren, und desto leichter werde ich auch den Schatten anderer annehmen können. Vielleicht werde ich mit der Zeit auch Gott vergeben können, dass ich nicht anders und niemand anders bin als »nur« ich selbst.

Die biblische Geschichte vom Jakobskampf erzählt von einem solchen Vergebungsprozess. Vom Mutterleib an liegt Jakob im Streit mit seinem Zwillingsbruder Esau. Schon bei der Geburt greift Jakob (= Fersenhalter) hinterhältig nach der Ferse seines erstgeborenen Bruders, dessen Platz er einnehmen will. In dieser handgreiflichen Geste wird bildhaft deutlich, dass Jakob nicht er selber, sondern an Esaus Stelle sein will. Später nutzt er eine Notlage des Bruders schamlos aus, um ihm dessen Erstgeburtsrecht abzuluchsen. Mit Hilfe einer List und seiner Mutter als Komplizin führt er seinen blinden Vater hinters Licht. Er gibt vor, Esau zu sein und erschleicht sich den väterlichen Segen. Doch dann muss er fliehen und lebt viele Jahre in großer Distanz zu seinem Bruder. Um seinen Frieden zu finden, kehrt er wieder in seine Heimat zurück. Bevor er Esau treffen kann, ist er gezwungen, einen Fluss zu überqueren, der sie nunmehr beide noch trennt. Als er nachts diesen Fluss durchschreiten will, wird er von einem Engel festgehalten. Er kämpft mit dem Engel, der vielleicht die dunklen Kräfte in ihm selbst symbolisiert. Jakob muss sich seinem eigenen Schatten stellen: seiner Hinterhältigkeit, seiner Eifersucht, seinem Neid gegenüber dem Bruder, seinem Gefühl, zu kurz gekommen zu sein. Die Bibel deutet dieses Ringen als Kampf mit Gott. Jakob erlebt den

Zwang, sich seiner eigenen Wahrheit stellen zu müssen, als Konfrontation mit Gott selbst. Nach langem Ringen kann er bei Anbruch des Morgens endlich zu sich selbst stehen. Im Licht des neuen Tages will er nicht mehr Esau sein, sondern findet seinen eigenen, eigentlichen Namen: Der wahre Jakob hat sich als »Israel«, das heißt als »Gotteskämpfer« erwiesen. Jakob stellt sich seinem Schatten, der ihm dadurch zum Segen wird. Diesen Segen hat er nicht mehr durch Tricks hinterhältig erschlichen, sondern ehrlich errungen. Doch der Kampf hinterlässt auch seine Spuren. Jakob wird verwundet und muss mit dieser Wunde leben. Zudem ist Jakob vom betrügerischen Muttersöhnchen zum kämpfenden Mann gereift. Er kann nun im eigenen Namen seinem Bruder ehrlich entgegengehen und ihm in einer demütigen Geste begegnen – und sich dadurch mit ihm versöhnen (vgl. Genesis 32,23–32).

Der dunkle Bruder oder die dunkle Schwester, die auf ein versöhnendes Wort und eine Umarmung wartet, wohnt in uns selbst. Das ist ohne Zweifel ganz schön schwierig, aber eben auch *schön* schwierig, da darin das eigene Leben und das der anderen eine neue Schönheit und Stimmigkeit gewinnt.

Der Tiefenpsychologe Jean Monbourquette betont, dass die schwierigste Etappe und der entscheidende Schritt im Vergebensprozess darin liegen, sich selbst zu vergeben. Nehmen wir uns selbst umfassender an, dann finden wir aus der inneren Zerrissenheit in eine neue Einheit und Übereinstimmung mit uns. Die spirituelle Blickerweiterung vertieft die hohe Kunst der Selbstannahme: An Gott glauben bedeutet, dass ich mich nicht selbst perfektionieren muss, um jemand zu sein. Vielmehr darf ich darauf vertrauen, dass ich mich unendlicher Liebe verdanke, dass ich mich in ihr bewege und dass mein Leben mit allem Gelungenen und Zerbrochenen in dieser Liebe aufgehoben ist. Wenn ich mich von diesem Glauben innerlich prägen und verwandeln lasse, werde ich freier von abenteuerlichen Selbstbeweisen, von Sorgen und überfordernden Idealen. Glauben meint, mich als bejaht zu bejahen. Der christliche Glaube weckt das Selbstbewusstsein, geliebt zu sein. Er schenkt ein Selbstwertgefühl, das nicht mehr bewiesen werden muss etwa durch Leistung oder Erfolg, Beliebtheit oder Schönheit. Annehmen, unbedingt angenommen zu sein, und der göttlichen Liebe Glauben schenken – ein solches Vertrauen ist *erlösend*. Es befreit vom ängstlichen Zweifel, nichts wert zu sein. Dieser Verdacht aber ist es, der uns Menschen so leicht kränkbar macht und unversöhnlich stimmt.

8

Sich für die Zukunft entscheiden

Auf dem Weg der inneren Aussöhnung sind Sie ein gutes Stück vorangegangen. Sie haben Ihren verletzten Gefühlen Raum gegeben und versucht, sie zu benennen und anzunehmen. Von einer höheren, reflexiven Warte aus haben Sie mehr Licht in die Geschichte gebracht und einen umfassenderen, realistischeren Blick auf Ihre Kränkung und die Beziehung gewonnen. Sie standen vor verschiedenen Entscheidungen: Ob Sie am Recht auf Ausgleich festhalten oder darauf verzichten. Ob Sie sich vom Schuldprinzip leiten lassen oder dem Wunsch nach innerer Aussöhnung und Frieden den Vorrang geben. Ob Sie sich als bloßes Opfer ansehen, das hilflos und unschuldig einem böswilligen Täter ausgeliefert ist – oder ob Sie auch Ihre Eigenanteile und Handlungsmöglichkeiten wahrnehmen und die Opferrolle allmählich hinter sich lassen.

Auch jetzt steht wieder eine Entscheidung an. Denn alles Wahrnehmen und Durcharbeiten führt nicht automatisch zum Vergeben, sondern es braucht einen Entschluss. Vergeben ist keine Konsequenz, die aus den Auseinandersetzungen mit sich selbst und der verletzenden Person zwingend hervorgeht. Vielmehr erfordert die Vergebung einen Willensakt. Wir müssen uns fragen und entscheiden: Will ich dem anderen vergeben, oder will ich ihm sein verletzendes Verhalten weiterhin nachtragen? Will ich ewig am Schuldschein festhalten oder meinen berechtigten Zorn, meine Wut oder Bitterkeit bewusst loslassen?

Erfahrene Vergebung erinnern

Niemand hat ein Recht darauf, dass ihm ein Fehltritt nachgelassen wird. Ebenso ist keiner verpflichtet zu verzeihen. Vergebung lässt sich weder verdienen noch moralisch einfordern. Sie ist vielmehr ein Geschenk, das aus freien Stücken großzügig gewährt wird – oder eben auch nicht.

Der Wunsch und die Kraft, verzeihen zu können, lassen sich stärken, indem wir uns an Momente erinnern, in denen wir selbst jemanden verletzt haben – und dann die befreiende Erfahrung von der Vergebung erleben durften. Fragen können sein:

- Was ging in mir vor, als ich erkannte, jemandem Unrecht zugefügt zu haben?
- Wie war es für mich, dass diese Person mich nicht abgeschrieben hat, sondern die Sache »gut sein« ließ? Ist mir da ein Stein vom Herzen gefallen?

Eine solche Reise in die eigene Vergangenheit vermag die Augen zu öffnen für jene Menschen, die unsere Grenzen ertragen und trotz unserer Schwächen weiterhin zu uns gehalten haben. Die uns unsere Unreife nicht zum Vorwurf gemacht und unsere Fehler nicht nachgetragen haben. Fast wie von selbst werden sich mit solchen Erinnerungen positive Empfindungen einstellen wie Dankbarkeit, Erleichterung und Freiheit.

Das Betrachten von Situationen, in denen wir selbst jemanden verletzt haben, hilft, dass wir uns in denjenigen einfühlen, der an uns schuldig geworden ist. Dies kann Wohlwollen, Mitgefühl, Verständnis oder andere warmherzige Reaktionen wecken. Vor allem aber kann erfahrene

Güte dazu befähigen, dass wir eine ähnlich weitherzige Bereitschaft entwickeln. Je mehr Befreiungserfahrungen dieser Art wir gemacht haben, umso mehr werden wir selbst zu einer freigiebigen Geste fähig und willens. Dieser innere Zusammenhang stellt selbstverständlich keinen Automatismus dar. Doch auch in der entgegengesetzten Richtung macht sich eine Wechselbeziehung bemerkbar: Wenn wir unfähig sind, Vergebung zu empfangen, und das heißt auch, unsere wunden Punkte berühren zu lassen, dann werden wir auch kaum Vergebung schenken können. Allein mit Großartigem im Rücken vermögen wir großzügig zu geben.

Vergeben heißt nach vorne leben

Vergeben bedeutet, dass wir aufhören, auf eine bessere Vergangenheit zu hoffen. Die rückwärtsgewandte Hoffnung ist zwar ein absurdes und sinnloses Unterfangen, aber dennoch weit verbreitet. Die Entscheidung, zu vergeben und es »gut sein« zu lassen, ist daher eine Weichenstellung, die in ihrer Bedeutung kaum zu überschätzen ist. Solange wir nämlich jemandem eine Verletzung nachtragen, bleiben wir Gefangene unserer Vergangenheit. Wir starren zurück – und erstarren zunehmend, denn gekettet an das Erlittene gibt das Gewesene den Ton an. Die Vergangenheit ist ein emotional und oft auch gedanklich ständig präsenter Teil der Gegenwart. Wenn wir vergeben, dann lassen wir im Unterschied dazu die Vergangenheit wortwörtlich vergangen sein. Auf diese Weise befreien wir die Gegenwart und Zukunft von der unerbittlichen Logik des Abwägens und Aufrechnens. Wenn wir uns mit dem anderen innerlich aussöhnen, machen wir einen Strich unter das Vergangene und stellen es ihm nicht mehr in Rechnung. Ein solcher Schuldenschnitt bedeutet einen Neuanfang mit neuer Kreditwürdigkeit.

Es sei daran erinnert: Vergebung entschuldigt nicht die Tat. Vielmehr ist sie eine Haltung der Person gegenüber, die uns verletzt hat und der wir ihr schuldhaftes Verhalten nicht weiter vorwerfen wollen. Ebenso wenig ist Vergeben ein Vergessen der Vergangenheit. Vielmehr eröffnen wir dem anderen und uns selbst eine Zukunft, die nicht unter dem Diktat des Gewesenen steht. Wir steigen aus der Spirale von Gewalt und Gegengewalt aus und setzen anstelle des reaktiven Täter-Opfer-Kreislaufes schöpferisch einen Neuanfang in Gang. Dass uns dies möglich ist, verdankt sich der schöpferischen menschlichen Freiheit, die Neues zu schaffen vermag.

Vergeben ist ein Akt der Freiheit! Und Vergeben führt in eine neue Freiheit! Denn solange wir uns innerlich nicht aussöhnen, bleiben wir an den Menschen, der uns verletzt hat, gebunden. Unsere auf ihn gerichteten verletzten Gefühle binden Aufmerksamkeit und Energie und wir beschäftigen uns emotional und gedanklich mit ihm. Selbst wenn ein Täter vor Gericht gestellt und verurteilt wird, ist der ihm zum Opfer gefallene Mensch noch lange nicht von seinen Bildern der Angst, von seinen Albträumen oder Hass- und Ohnmachtsgefühlen befreit. Nicht die juristisch gewährleistete Gerechtigkeit, sondern die Vergebung, die sich im Innern des Geschädigten ereignet, eröffnet diesem eine neue Freiheit. Durch Vergebung nehmen wir dem Schuldiger die Macht, die er immer noch über uns ausübt, indem er uns etwa mit Hassgefühlen erfüllt. Pointiert formuliert der Friedensnobelpreisträger Bischof

Desmond Tutu, der aufgrund seines Kampfes gegen die Apartheid viele Jahre unrechtmäßig inhaftiert war: »Wenn ich von Vergebung spreche, dann meine ich den Glauben, dass man auf der anderen Seite als besserer Mensch herauskommt, ein besserer Mensch als der, der von Hass und Groll verzehrt wurde. Wenn man in dem Zustand verharrt, dann sperrt man sich in der Opferrolle ein, was einen praktisch vom Täter abhängig macht. Wenn man in seinem Inneren Vergebung finden kann, dann ist man nicht mehr an den Täter gefesselt. Man kann sich weiterentwickeln und man kann dazu beitragen, dass auch der Täter ein besserer Mensch wird.«[11]

Ob Sie vergeben oder ob Sie sich der Vergebung verschließen, ist also eine Wahl mit weitreichenden, grundlegenden Auswirkungen auf Sie selbst. Sie entscheiden darüber, wie Sie mit der eigenen und mit der gemeinsamen Vergangenheit umgehen möchten und wie Sie Ihre Gegenwart und Zukunft gestalten wollen. Wenn es Ihnen gelingt zu verzeihen, bleiben Sie nicht ohnmächtig und gelähmt, sondern finden aus der Opferrolle heraus, die eine Form von Unfreiheit ist. Sie nehmen Ihr Leben neu in die Hand und gestalten es gemäß Ihren eigenen Überzeugungen und Werten. Es wird deutlich: Es braucht Kraft und Mut, um vergeben zu können, und umgekehrt stärkt Verzeihen zugleich das Selbstvertrauen und die Selbstverantwortung.

Vergeben ist ein kreatives Geschehen, denn es streicht nicht einfach nur etwas Vergangenes durch, sondern schafft wirklich Neues. Im Kreativen und nicht im Destruktiven zeigt sich die eigentliche Kraft! Paradoxerweise werden Staaten als umso mächtiger angesehen, je größer ihr Zerstörungspotenzial ist (Atombomben). Doch die wahre Macht besteht nicht im Zerstören, sondern im

Schaffen, Gestalten und Aufbauen! Im Vergeben offenbart sich die wahre Stärke, zu der wir Menschen fähig sind: Wir verwandeln zerstörerische in schöpferische Energie. In dieser kreativen Fähigkeit wird vielleicht am deutlichsten sichtbar, was die Bibel mit dem Bildwort ausdrückt: Der Mensch ist ein »Ebenbild Gottes« und hat an dessen schöpferischer Kraft Anteil.

Bejahende Gefühle, Gedanken und Verhaltensweisen entwickeln

Tagebuch

*H*eute habe ich eine tiefsinnige Geschichte gehört, die viel mit dem Prozess des Vergebens zu tun hat, über den ich derzeit nachdenke.

In einem kleinen Dorf herrschte zwischen den Mitgliedern einer Familie eine erbitterte Feindschaft. Sie sprachen nur das Allernotwendigste miteinander und versuchten, sich gegenseitig das Leben so schwer wie möglich zu machen. Dies gelang ihnen recht gut. Zugleich aber litten alle unter der vergifteten, hasserfüllten Atmosphäre. Eines Tages fragte die Mutter den Rabbi des Ortes um Rat, wie die Familie zu retten sei. Der Rabbi rief mitfühlend aus: »Ach, das kenne ich! Der Geist hat die Leute verlassen ... Wir Juden warten doch auf das Kommen des Messias. Und ich frage mich: Ist jemand von euch der Messias?«

Zu Hause erzählte die Mutter von der Frage des Rabbis und alle dachten darüber nach: »Der Messias – jemand von uns? Wenn ja, wer? Unsere Mutter vielleicht? Sie sorgt immerhin seit langem für uns ... Oder meinte der Rabbi einen meiner Brüder?

*Denn selbstverständlich meinte er nicht mich. Ich bin nur ein
ganz gewöhnlicher Mensch … Aber angenommen, er meinte
mich? O Gott! Doch nicht ich! Oder?« Und wie sie so überleg-
ten, begannen sie einander mit außerordentlicher Wertschätzung zu begegnen für den unwahrscheinlichen Fall, dass tatsächlich jemand von ihnen der Messias wäre. Und für die noch
entferntere Möglichkeit, dass sie selbst der Messias sein könnten,
fingen sie an, auch sich selbst mit großer Achtung zu behandeln.*

*Wenn nun Leute zu ihnen nach Hause kamen, nahmen sie
die frohe Atmosphäre wahr und die Familie wurde im Laufe der
Zeit zu einem viel besuchten Ort der Gastfreundschaft.*

Wollen wir uns innerlich aussöhnen, so impliziert dies,
dass wir dem anderen sein Fehlverhalten nicht mehr grollend nachtragen, sondern die Sache »auf sich beruhen
lassen«. Doch dieser Entschluss ist noch nicht ausreichend, wenn es um einen inneren Aussöhnungsprozess
im umfassenden Sinn geht. Denn Vergeben ist mehr, als
dass wir das Geschehene als etwas akzeptieren, an dem
nichts mehr zu ändern ist. Eine pragmatische Koopera-
tion mit dem Unvermeidlichen befreit noch nicht von
der Bürde der negativen Gefühle und Gedanken. Ebenso
meint Verzeihen mehr, als dass Ärger, Wut und Rachege-
danken neutralisiert werden. Denn wenn die Abschwä-
chung negativer Gefühle und Gedanken bereits alles
wäre, dann blieben am Ende nichts anderes übrig als ein
»neutrales« Gefühl und distanzierte Gleichgültigkeit sowie die Annahme, dass der andere keines Gedankens wert
ist. Doch Gefühllosigkeit ist kein gesunder emotionaler
Zustand! Eher erscheint er als eine menschliche Armut,
die ein vitales Leben und ein gutes Zusammenleben mit
anderen verhindert. Vergebung vermag mehr: Sie kann in

Sich für die Zukunft entscheiden

Bezug auf denjenigen, der uns weh getan hat, *positive Gefühle und Gedanken aufkeimen* lassen, welche die negativen überschreiben. Und erst eine solche Transformation heilt unser Fühlen, Denken und Handeln tiefgründig. Erst eine solche Wandlung führt zu einem echten inneren Frieden. Doch wie soll das gehen?

Selbstverständlich können Sie Gefühle nicht willentlich ändern. Doch Sie können bestimmte Maßnahmen ergreifen, um eigene Denkmuster und Verhaltensweisen zu verändern – und dies wird mit der Zeit auch Ihr emotionales Empfinden verändern. Entsprechend liegt ein zentrales Moment im Vergebungsprozess darin, zu einer ausgewogeneren Sicht vom anderen und von sich selbst zu kommen. Angenommen, Sie haben dem anderen im Schmerz der Verletzung üble Motive zugeschrieben oder ihn für eine lieblose, unsensible Person gehalten. Je besser Sie die Umstände und Gründe verstehen, die hinter seinem Verhalten stehen, desto mehr verändern sich Ihre Zuschreibungen. In der Folge wird es Ihnen leichter fallen, den anderen zu achten und wertzuschätzen. Ja, vielleicht wird es für Sie sogar naheliegend, Wohlwollen oder Mitgefühl, Mitleid oder Sympathie für ihn zu empfinden und ihm Gutes zu wünschen.

Die Achtung vor dem Guten im anderen hat eine schöpferische und heilende Kraft. Wer den anderen achtet, ist davon überzeugt, dass er besser ist, als er sich in seinem kränkenden Verhalten gezeigt hat. Und wer vergibt, gibt zu verstehen, dass das Gegenüber sich weder verstecken noch verteidigen muss. Dieser achtungsvolle, verzeihende Blick entdeckt das verwundete oder nicht entwickelte Gute in ihm und stärkt es dadurch.

Die transformierende Kraft der Vergebung betrifft jedoch nicht allein die innere Welt der Gefühle und Gedanken. Ebenso drückt sich das ins Positive gewendete Verhältnis zur anderen Person im konkreten *Verhalten* aus. Ansonsten bliebe Vergebung nämlich auf eine beschauliche Innenwelt beschränkt.

Zur Ebene des Verhaltens gehört die Achtsamkeit auf die Sprache. Rede ich von der anderen Person in entwürdigender, entmenschlichender Weise als »blöde Kuh« oder »Depp«, oder kommt in meiner Wortwahl zum Ausdruck, dass sie eine unverlierbare Würde hat? Begegne ich ihr im konkreten Umgang abwertend oder ausgrenzend und mache sie bei anderen schlecht? Oder versuche ich, ihr mit Respekt und Achtung zu begegnen? Verfluche ich sie oder bete ich für sie?

Symbolische Handlungen können helfen, Bitterkeit, Wut oder Angst ausklingen zu lassen und zu neuen, positiven Haltungen zu finden: Ich bringe einem Verstorbenen, mit dem ich mich innerlich aussöhnen will, eine Blume ans Grab. Ich schreibe ein kleines Kärtchen zum Geburtstag mit einem Glückwunsch – wenn denn der Wunsch ehrlich gemeint ist. Ich verbrenne den Brief, der mich so verletzt hat …

Vielleicht führt die Vergebung schließlich zur Versöhnung mit der anderen Person. Doch wie bereits ausgeführt wurde, ist dies kein Automatismus. Denn selbst wenn positive Gefühle und Gedanken gewachsen sind, so kann es angeraten sein, dass ich mich in Frieden vom anderen ablöse und wir getrennte Wege gehen. Es gibt aber auch Situationen, in denen ich nicht einmal mitteilen kann, dass ich mich gerne versöhnen würde – vielleicht, weil die andere Person gestorben, unerreichbar oder nicht willens ist. Hier bleibt die Hoffnung auf eine Zukunft jenseits

Sich für die Zukunft entscheiden

unserer menschlich machbaren Zukunft. Für Glaubende ist diese Hoffnung mit dem Wort »Reich Gottes« verbunden: Es wird eine neue Welt Gottes geben, in der auch das Unausgesprochene gesagt und das Zerbrochene geheilt werden kann.

Das Ziel der Vergebung

An dieser Stelle lässt sich nun genauer bestimmen, was der Prozess des Vergebens meint. Wenn wir vergeben, stellen wir dem anderen die Vergangenheit nicht mehr in Rechnung. Wir lassen davon ab, ihm seine Schuld heimzuzahlen und vergelten nicht Gleiches mit Gleichem. So eröffnen wir eine neue Zukunft, die nicht unter der Dominanz der Vergangenheit steht. Echte Vergebung ist dabei ehrlich und diskret und bemüht sich, den anderen nicht durch eine Pose zur Schau getragener Großzügigkeit klein zu machen. Innerpsychisch nehmen im Lauf des Prozesses Gefühle wie Wut und Rache oder Selbstvorwürfe und ängstigende Ohnmacht ab. Es wachsen positive Haltungen wie etwa Mitgefühl und Wohlwollen, aber ebenso auch Selbstannahme und Selbstvertrauen. Je mehr unsere Erinnerung heilt, umso weniger hat uns das verletzende Geschehen im Griff. Weil wir aufhören, auf eine bessere Vergangenheit zu hoffen, werden wir frei, im Hier und Jetzt zu leben und uns der Fülle des Augenblicks zu öffnen.

Vergeben ist ein ganzheitlicher Prozess, der alle Kräfte des Menschen in Anspruch nimmt: das Herz, den Intellekt und das Urteilsvermögen, die Vorstellungskraft und Fantasie, die Welt der Gefühle, den Körper mit seiner Empfindungsfähigkeit und den Glauben. Wenn wir all diese Kräfte für den Weg der Versöhnung mobilisieren, können wir am Ende ins »Land der Versöhnung, des Lichtes und des Friedens« (aus der Liturgie) finden, wo wir uns selbst und anderen nahe sind. Wir werden eine neue Leichtigkeit und Freude spüren und Dankbarkeit dafür empfinden, mit anderen verbunden zu sein. Und genau darin liegt das Paradox des Vergebens: Indem wir dem Menschen, der uns verletzt hat, innerlich die Hand reichen und Großzügigkeit entgegenbringen, werden wir selbst heil.

An der Vergebung festhalten

Ob es Ihnen auch so geht wie mir? Kaum ahne ich da etwas von dem neuen Land, in das mich die Vergebung führt, und schon verrenne ich mich wenig später wieder im Dickicht des Alltags …

Es ist eine typische Erfahrung auf dem Weg der inneren Aussöhnung, dass es zu vermeintlichen Rückschritten kommt. Möglicherweise gehen Sie abends gelöst, ja euphorisch schlafen, weil Sie nach einem klärenden Gespräch den Eindruck haben, dass ein Konflikt sich in Wohlgefallen aufgelöst hat. Doch schon vor dem Läuten des Weckers werden Sie von Ihren aufgescheuchten Gefühlen und Gedanken geweckt und eine bleierne Müdigkeit – wie nach einem Rausch – lässt Sie nur schwer aus dem Bett kommen.

Zweifelsohne sind Gefühle oft schneller als der Verstand, aber es gilt auch umgekehrt: Der Bauch ist langsamer als der Kopf. Emotionen haben ihre eigene Dynamik und sind nicht einfach vom Verstand lenkbar. Was gedanklich klar vor Augen steht und was willentlich entschieden ist, das muss noch auf den Anschlusszug der Gefühle warten. Daher kann es sein, dass jemand mit gutem Wissen und Gewissen entschieden hat, einer anderen Person zu verzeihen. Und dann tauchen doch, wie aus dem Nichts, plötzlich wieder die alten Schatten und Bitterkeiten auf. Es braucht viel Geduld, bis sich die Gefühle an die Entscheidung zu verzeihen gewöhnen und nicht mehr im Bauch rumoren.

Wenn Ihnen diese Situation vertraut sein sollte, dann wäre es wichtig, dass Sie nicht in die Falle laufen, Ihre Gefühle gewaltsam zu bekämpfen, etwa indem Sie sich sagen: »Wie furchtbar, dass ich das immer noch fühle und daran klebe! Das muss aufhören!« – denn dann schwirrt alles umso reger durch Ihr Inneres. Grübeleien und der Versuch, Gefühle frontal zu vertreiben, führen diesen nur neue Nahrung zu und stärken sie. Wenn Sie hingegen Ihre Empfindungen als gegeben hinnehmen und sich dann entscheiden, sie nicht weiter zu verfolgen, so werden diese weniger drängend, ja verschwinden vielleicht sogar. Und selbst, wer nicht die österreichische Kunst beherrscht, lästige Empfindungen »ned amoi zu ignoriern«, wird die Erfahrung machen: Wenn ich in dieser Phase des Vergebungsprozesses den Impulsen ähnlich wie Spam-Mails oder Pop-up-Anzeigen keine weitere Bedeutung beimesse, dann werden die Gefühle mit der Zeit ihre Kraft verlieren.

Als Zweites braucht es in Momenten, in denen die alte Bitterkeit erneut auftaucht, die Erinnerung daran: »Ich habe dem anderen bereits vergeben« sowie die Entscheidung, an der Vergebung festzuhalten. Viele erleben es in diesem Zusammenhang als hilfreich, wenn sie ihren Entschluss zu verzeihen zusätzlich vor einer anderen Person kundgetan haben, denn dadurch haben sie ihrer Entscheidung mehr Gewicht verliehen. Eine solche »Zeugenschaft« bestärkt sie in Zeiten des vermeintlichen oder tatsächlichen Rückschritts darin, immer wieder neu ihre verletzten Gefühle verständnisvoll wie auch klar loszulassen.

Das Evangelium weiß um diesen mühsamen Weg. Es wird erzählt, dass Petrus Jesus die Frage stellt, wie oft man seinem Bruder verzeihen müsse. Und dann macht er ein für seine Begriffe großzügiges Angebot: »Bis zu siebenmal.« Doch Jesus radikalisiert diese Offerte: »Nicht siebenmal, sondern siebenundsiebzigmal!« (vgl. Matthäus 18,21–22).

Der englische Schriftsteller Gilbert K. Chesterton deutet diese Aussage so: Es geht hier nicht um siebenundsiebzig verschiedene Angriffe oder Beleidigungen, sondern um ein und dieselbe Verletzung, die sich ungewollt immer wieder neu zu Wort meldet. Solche »Dauerbrenner« zeigen: Vergeben ist keine einmalige Willensentscheidung, sondern ein Weg, der aus vielen Etappen und manchmal aus siebenundsiebzig neuen Anläufen besteht.

Dies ist anstrengend, mühsam, nervig und demotivierend! Möglicherweise haben Sie in solchen Momenten den Eindruck, sich sinnlos im Kreis zu drehen und Unverdauliches wiederzukäuen. »Was soll diese ewige Wiederkehr des Gleichen, bei der ich ständig auf der Stelle trete? Ist all meine Mühe zu vergeben am Ende nicht doch vergeblich?« Vielleicht lässt sich der Prozess des Verzeihens mit einer Spirale vergleichen: Schauen Sie von oben auf die Spirale, so sieht diese aus wie ein Ring und es entsteht der Eindruck, dass Sie immer wieder um dasselbe Problem kreisen. Wenn Sie aber von der Seite auf die Spirale blicken, wird ersichtlich, dass Sie mit jedem »Kreisen« etwas höher steigen. Wenn es oberflächlich betrachtet auch aussieht, als ob Sie am gleichen Punkt angelangt seien, so wird – in einer anderen Dimension gesehen – offensichtlich, dass die kreisende Bewegung zu einem echten Fortschritt führt: Sie wachsen langsam, aber stetig in eine andere Ebene hinein.

Jesu Wort von den siebenundsiebzig Mal ist also keine unmenschliche Überforderung, sondern im Gegenteil eine sehr realistische Einschätzung unserer *conditio humana*. Es gilt, Wut oder Groll, die in uns aufsteigen, wieder und wieder loszulassen, damit wir nicht wie eine Fliege am Leim an ihnen kleben bleiben. Wir müssen die getroffene Entscheidung zu verzeihen jedes Mal neu bejahen und bekräftigen, bis hoffentlich Schmerz und Trauer mit der Zeit nachlassen, die dunklen Erinnerungen ihre Kraft verlieren und wir einen neuen inneren Frieden finden.

Vergebung geschehen lassen

Jemandem wirklich von Herzen verzeihen zu können ist bei allem eigenen Bemühen immer auch etwas, das sich unserer Verfügungsmacht entzieht. Insbesondere wer fähig ist, Schreckliches zu verzeihen, wird dies im Tiefsten wohl auch als ein Geschenk erleben: als etwas, das (in) ihm geschieht.

An diesem Punkt unseres Vergebungsweges kommt eine neue Perspektive in den Blick: Bislang stand vor allem das eigene Tun im Vordergrund, das geduldige und willentliche Arbeiten an Erinnerungen, Gefühlen und Haltungen, an Ansichten und Einschätzungen. Doch Vergeben braucht – wie alle Lebensprozesse – »seine Zeit« und muss heranreifen. Daher ist es wichtig, dass wir zu gegebener Stunde die Zügel aus der Hand geben und den Prozess nicht mehr aktiv steuern und forcieren. Auf dem Weg der inneren Aussöhnung ist nicht nur unser Tun gefordert, sondern auch unser Lassen. Es braucht sowohl unser zielorientiertes Wollen als auch unsere *Bereitschaft, geschehen zu lassen und zu empfangen.* Wenn wir uns bis zu einem bestimmten Punkt um Vergebung bemüht haben, dann kann diese wie eine Frucht in uns heranreifen, bis wir sie eines Tages – hoffentlich – in uns selbst vorfinden. Wohlgemerkt: Hier ist kein, bisweilen spirituell verbrämtes, Loslassen gemeint, das lediglich ein billiges Alibi für die eigene Bequemlichkeit ist oder dafür, dass es auf den eigenen Willen gar nicht ankommt. Vielmehr geht es darum, nicht krampfhaft um jeden Preis vergeben zu *wollen.* Verbissenes Vergeben–Wollen verhindert echte Vergebung, denn ein solches Streben verdankt sich eher dem eigenen Machtinstinkt oder selbstgefälligen Ehrgeiz als einem wirklichen Interesse am anderen.

Die Erfahrung, Vergebung nicht »machen« zu können, konfrontiert unser autonomes, »starkes« Ich mit seinen Grenzen. Ja, unser Ich gerät möglicherweise in eine regelrechte Krise, da es die Kontrolle behalten will und danach strebt, alles selbst im Griff zu haben. Ohne ein sichtbares Ergebnis zu leben und bereit zu sein für etwas, was sich jenseits unseres Intellektes und unserer Willenskraft vollzieht, fällt den meisten Menschen schwer. Und es entbehrt nicht einer gewissen Paradoxie, dass wir dieses loslassende Bereitsein nicht bewerkstelligen können: Die

Fähigkeit, geschehen zu lassen, erreichen wir nicht, indem wir uns anstrengen.

Es wird offenkundig: Im Vergeben machen wir die typisch menschliche Erfahrung, dass sich wesentliche Entwicklungen außerhalb unseres Bewusstseins und unserer Willenskraft vollziehen. Vergebung ist keine Geste, die wir beherrschen, sondern etwas, um das wir ringen und bitten können. Der Wunsch zu vergeben fordert uns heraus, dass wir uns einem größeren Geschehen überlassen, das sich wie »von selbst« in uns ereignet. Er lädt uns ein, aus der Hoffnung zu leben.

Aus der Kraft der Hoffnung zu leben setzt Vertrauen voraus: Vertrauen ins Leben; Vertrauen, dass innere Aussöhnung »von selbst« geschieht; Vertrauen, dass ich nicht alles in der Hand haben muss, sondern von der Hand eines anderen gehalten bin; Vertrauen, dass dort, wo ich nicht weiterkomme, Gott noch lange nicht am Ende ist.

Der Weg der inneren Aussöhnung bringt nicht nur unser autonomes Ich an seine Grenze, sondern führt darüber hinaus an eine viel fundamentalere Grenze, die uns Menschen wesentlich ist: Vergebung ist auf der Grenze zwischen Gott und Mensch angesiedelt.

9

Liebe
erlöst

Die tiefsten Wunden unseres Lebens sind Beziehungswunden. Wenn diese nicht heilen, werden wir Schmerz und erlittenes Unrecht bewusst oder unbewusst an andere weitergeben und neues Leid schaffen. Wie verwandeln sich Wunden in neue Lebensmöglichkeiten? Welche Haltung können wir gegenüber dem Leiden annehmen, um es zu transformieren? Ja, wie können wir Ungerechtigkeit, Ausgrenzung und Böses ablehnen und überwinden, ohne selbst zu deren Spiegelbild zu werden? Hier berühren wir *das* Grundproblem der Menschheitsgeschichte und einer jeden individuellen Biografie.

Ein instinkthafter Impuls drängt dazu, den Urheber des Problems büßen zu lassen oder jemand anderen zum Sündenbock zu machen und auszugrenzen. Es kommt zur typisch menschlichen Gewalttätigkeit in Gedanken (Abwertung, Rachefantasien, Verurteilen), in Worten (Gerüchte, Bloßstellung, vielsagendes Schweigen) und in Taten. Der Glaube an die *erlösende Gewalt* zieht sich wie ein roter Faden durch die Geschichte. Die Spirale von Verletzung und Gewalt findet kein Ende und die Opfer-Täter-Geschichte wird weitergeschrieben. Die Geschichte Jesu ist dem diametral entgegengesetzt: *Erlösende Vergebung* und *Annahme* bilden die Mitte seines Lebens und seiner Botschaft.[12]

Jesus als Therapeut

Das *mission statement,* mit dem Jesus im Johannes-Evangelium sein Grundanliegen umreißt, lautet: Ich bin gekommen, um euch ein Leben in unvorstellbarer Fülle zu bringen (vgl. Johannes 10,10). Und ich will, dass ihr euch so freuen könnt wie ich und eure Freude dadurch vollkommen wird (vgl. ebd. 15,11). Diese Botschaft Jesu gründet in seiner eigenen Gotteserfahrung. Jesus erfährt sich als den geliebten Sohn Gottes: »Gott steht ganz auf meiner Seite und ich stehe ganz auf Gottes Seite.« Seine Lebensweise ist von einem inneren Blickkontakt mit Gott geprägt. Und so gründet sein *Selbstwertgefühl* darin, dass er glauben kann, grenzenlos angenommen und geliebt zu sein. Weil er die göttliche Fülle erfährt, braucht er weder kleinlich zu rechnen noch ängstlich zu kalkulieren. Er verschenkt seine Zeit, seine Energie, sein Leben. Er versteht sich selbst als die große Liebeserklärung Gottes an jeden Menschen. Das erleben viele seiner Zeitgenossen in ganz konkreten Begegnungen.

Die Welt krankt an vielem: an Isolation, Einsamkeit und Egoismus, an Ungerechtigkeit, Unterdrückung und Gewalt. Körperliche Krankheiten wurzeln häufig auch in erlittenen Kränkungen. Tief verletzt glauben Menschen nicht mehr an die Verlässlichkeit und Tragfähigkeit von Beziehungen und ziehen sich in das Schneckenhaus ihrer Angst zurück oder werden aggressiv. Die Evangelien erzählen, dass Jesus in seinen Begegnungen so viel Menschlichkeit und Wärme ausstrahlt, dass sich ihm angeschlagene und zerbrochene Menschen neu anvertrauen können. Und dies ist nicht verwunderlich, denn Verwundete und Kranke sind oft sehr feinfühlig und spüren schnell, wer oder was ihnen wirklich helfen kann. Umgekehrt ist Jesus so sehr Zuneigung, dass er einen besonderen Blick für diejenigen hat, die am Leben, an sich selbst oder an ihrem Gottesbild leiden. Er nimmt die Menschen wahr, die an Mangelerscheinung kranken, weil sie zu wenig Zuwendung erfahren haben. Er geht auf diejenigen zu, die durch erlittene Härte gelähmt sind. Er sieht die Menschen, die so oft übersehen worden waren, so dass sie davon erblindet sind. Er nähert sich sogar den Aussätzigen, die aus der Gesellschaft brutal ausgestoßen werden. Das Unglaubliche passiert: Jesus macht sich durch die Berührung nicht unrein, sondern die Unreinen werden durch seine Berührung rein. Jesus hat eine ansteckende Gesundheit. Denn nichts kann einen Menschen so sehr verändern wie die Erfahrung echter Liebe! Wenn verweigerte Zuwendung Kinder krank macht, wenn Hass Menschen bis ins Mark kränkt und sie bis in ihre körperliche Verfassung hinein vergiftet, warum sollte dann eine große Liebe nicht auch heilen können?

Von den herkömmlichen Ärzten unterscheidet Jesus sich durch seine ungewöhnlichen Honorarforderungen und durch seine alternative Heilmethode, wobei die beiden in innerem Zusammenhang stehen. Jesus heilt gratis, um dadurch die Gnade (lat.: gratia) Gottes zum Ausdruck zu bringen. Als einziges Honorar fordert er, Gott die Ehre (lat.: honor) zu geben. Sein All-Heilmittel ist seine Liebe. Und das bedeutet: Er selbst ist die Medizin für viele Menschen. Sein heiles Selbstbewusstsein, geliebter Sohn Gottes zu sein, hat therapeutische Effekte. Die Zuwendung, die Jesus im Namen Gottes schenkt, wird zur Arznei, die Menschen heilt.[13]

Liebe erlöst

Befreiende Erfahrung

Die Evangelien berichten übereinstimmend, dass Jesus Kranke und Leidende ohne jede Vorbedingung geheilt hat. Weder mussten sie der richtigen Gruppe angehören noch sich moralisch würdig erweisen oder die korrekte Glaubensüberzeugung haben. Dieselbe Bedingungslosigkeit zeigt sich auch in der Art und Weise, wie Jesus Menschen begegnet, die in ihren Fehlern gefangen sind: Jesus wartet nicht, bis sie zu ihm kommen, sondern *er* ergreift die Initiative. Lehnt sie weder ab noch grenzt er sie aus, sondern geht auf sie zu. Er baut eine Beziehung von Mensch zu Mensch auf und begibt sich dabei sogar oft in die Position des Empfangenden. Seine wertschätzende Zuwendung *ist* gelebte und befreiende Vergebung (vgl. etwa Lukas 7,36–50 und 19,1–10; Johannes 4,1–26 und 8,1–11 sowie 21,15–19).

In den Begegnungen fällt auf, dass Jesus niemanden auf seine Vergangenheit festnagelt. Er denkt und handelt nicht vergangenheitsorientiert, sondern zukunftszugewandt. Er wünscht sich den Menschen nicht als »einen anderen« herbei, denn das brächte dessen Entwicklung zum Stillstand. Vielmehr ruft seine Liebe das Gute im anderen ins Leben. Indem Jesus an sein Gegenüber glaubt und ihm eine positive Entwicklung zutraut, hilft er dieser Person auch, das Wertvolle in sich zu sehen und zu entfalten.

In den Worten und Taten Jesu leuchtet die spirituelle Botschaft auf: Vergebung und Annahme öffnen Menschen einen Weg aus ihrer Schuldverstrickung. Vergebung und Annahme sind zwei befreiende Formen der Liebe, die aus der Spirale von Verletzung und Gewalt herausführen und neue Lebensmöglichkeiten schaffen.

Güte und Liebe erzwingen nichts und verändern dadurch alles. Menschen finden zu ihrem eigenen Selbst, wenn sie der göttlichen Liebe trauen lernen, die offenbar sie meint und zwar ganz genau sie. Hier wird deutlich, dass es im Glauben vor allem um eine Umkehr der Blickrichtung geht. Nicht Leistung oder Macht, nicht Besitz oder Sozialprestige entscheiden über unseren Wert, sondern jede und jeder *ist* schon Tochter und Sohn Gottes. Weil, was Jesus erfahren hat, für alle Menschen gilt: Wir verdanken uns einer unendlichen Liebe, die uns geschenkt ist vor aller Leistung und trotz aller Schuld. Der Aufruf Jesu zur *Umkehr* bedeutet also nicht: Ich soll ein anderer oder eine andere werden, sondern: *Ich dreh' mich um und entdecke, dass Gott hinter mir steht.* Dies ist ein in der Tiefe verwandelnder Augenblick!

Es stimmt äußerst traurig, dass der Aufruf Jesu zur Umkehr im Lauf der Geschichte meistens mit »Tut Buße!« übersetzt worden ist (vgl. Markus 1,15; Matthäus 4,17). Dies klingt nach lebensfeindlicher Moral, wenn nicht gar nach einem Gott, der uns die Freude neidet und seine Vergebung an religiöse Leistung und Würdigkeit knüpft. Jesus hingegen geht es um eine grundlegende Verwandlung des Bewusstseins (*metánoia,* das griechische Wort für Umkehr, bedeutet wörtlich »Ändert euer Denken!«). Es geht ihm um eine tiefere Sicht des Lebens, in der eine neue Qualität des Daseins aufleuchtet: die Qualität grundloser und umfassender Liebe.

Jesus verkündet die voraussetzungslose Großzügigkeit und Großherzigkeit Gottes. Wenn jemand sich dieser Botschaft im Glauben öffnet, ist er innerlich schon in einer neuen Welt beheimatet. Wer Gottes absichtslose Güte annimmt und erwidert, kann sich dem anderen uneigennütziger zuwenden und eine Kultur der Menschlichkeit fördern. Wer innerlich den Platz des himmlischen Friedens findet, hat es nicht mehr nötig, Mitmenschen rächend ihre Schuld zurückzuzahlen. Es wird sogar möglich, Gewalt durch Liebe zu überwinden und so den verhängnisvollen Teufelskreis von Verletzung und Gewalt schöpferisch zu durchbrechen – auch wenn sich dies wie ein Schritt ins Leere anfühlt.

Entscheidend ist hier: Am Ursprung einer solchen Lebenspraxis von Vergebung und Annahme steht keine heroische Willensanstrengung. Vielmehr wurzelt sie in der fundamentalen Erfahrung: »Ich bin als endlicher Mensch unendlich geliebt.«

Dieser Zusammenhang wird bereits im Wort »vergeben« deutlich. Die Silbe »ver« (= über hinaus) weist darauf hin, dass Vergeben ein »Geben über hinaus« meint. Ähnlich deutet das französische »pardon« (vgl. lat.: perdonare) ein intensiviertes, ja vollkommenes Schenken an. Die Gabe des Vergebens geht über alles Erwartbare oder Geschuldete hinaus. Wer verzeiht, schöpft gewissermaßen aus dem Übervollen. Er tauscht die Logik des Krämerladens, in dem alles seinen festen Preis hat, ein gegen die »Logik der Gabe« (Paul Ricœur), die ohne Berechnung gibt, weil ihr überreich gegeben worden ist. Statt des punktgenauen Berechnens des *do ut des* (»Ich gebe, damit du mir gibst«) gilt der umgekehrte Impuls: »Ich gebe, weil mir gegeben worden ist.«

Eine Schlüsselgeschichte

Vergebung zu erfahren ist nicht nur eine umwerfende, sondern auch eine unbeschreibliche Erfahrung, die sich mit keiner anderen Erfahrung vergleichen lässt. Sie ist ein *fundamental feeling,* denn sie trifft unser Ich in seiner Tiefe, im Fundament. Sie vermittelt das grundlegende Gefühl, für das geachtet und bejaht zu sein, was wir im Innersten sind. Solch verwandelnde Augenblicke eröffnen uns eine neue Erfahrung unseres »Ichs«. Wir fühlen uns uneingeschränkt geschätzt trotz unserer Schrammen, Schwächen und Schuld. Wir bekommen den lebendigen Eindruck von Schutz und Geborgenheit, den von Heimat.

Wo sind wir zu Hause? Das Haus, in dem wir daheim sind, ist nichts Äußeres, ist keine noch so schöne Villa. Nicht einmal der geliebteste Mensch kann eine Beheimatung schenken, die uns wirklich und verlässlich zu Hause sein lässt. Der Nabel, die große Narbe in der Mitte des menschlichen Körpers, erinnert bildhaft daran, dass der übergroße Wunsch nach Lieben und Geliebtwerden in keiner Beziehung für immer und ewig erfüllt wird. Der Hunger nach Glück, Geborgenheit und Ganzsein kommt an kein Ende. Der Mensch übersteigt den Menschen unendlich (Blaise Pascal). Er ist nicht in sich abgerundet, sondern gleicht einer Parabel, die nach oben offen ist.

Für Glaubende ist »Gott« das Wort für die immer größere und letztlich grenzenlose Liebe, der wir uns verdanken. In diesem Sinn schrieb Aurelius Augustinus, dass der Mensch auf Gott hin geschaffen ist und sein Herz erst in Gott zur Ruhe kommt. Diese tiefe Verbundenheit lässt sich manchmal erahnen, etwa in Augenblicken der Stille und des Gebetes. Gilbert K. Chesterton drückt dieses Geheimnis, das sich im Gebet bisweilen ereignet, in einem Bild aus: In der Tiefe des eigenen Herzens entdecke ich eine Art von Zimmer, das ich dort nie vermutet hätte und in dem ein Licht schimmert. Ich erfahre die Stille wie eine Gegenwart. In solchen Momenten weiß ich mich in der eigenen Mitte aufgehoben, weil ich darin nicht allein bin. Von innen her werde ich liebend angeschaut. Und immer schon, im Voraus zu aller Leistung und trotz aller Grenzen und Schuld, spricht eine Stimme zu mir: »Schön, dass du da bist!« In solchen Momenten lässt sich vertrauend erfahren, dass das gesuchte Zuhause immer schon da war und immer da sein wird.

Die bekannte biblische Geschichte vom barmherzigen Vater und seinen zwei Söhnen kann als die Suche nach einer solchen Beheimatung gelesen werden. Das Lukas-Evangelium erzählt, dass der Jüngere der beiden sich vom Vater, offenkundig einem wohlhabenden Grundbesitzer, das Erbe auszahlen lässt und in die Ferne reist. Dort führt er dank seines Vermögens ein unabhängiges, verschwenderisches Leben. Als sein fremdfinanziertes Glück zu Ende geht, muss er sich als Schweinehirt verdingen. Er verliert seine Autonomie und Würde. Durch diesen Job wird er für seine Landsleute »unrein«. Ihm selbst wird wohl deutlich, dass er »ein armes Schwein« ist. An diesem Tiefpunkt seines Scheiterns angelangt, erinnert er sich an seine Familie, an die Beziehung zu seinem Vater und auch daran, dass dort Überfluss herrschte. So macht er sich auf den Heimweg. Sein Vater, der anscheinend die ganze Zeit auf ihn gewartet hat, läuft ihm entgegen und veranstaltet aus Freude über seine Rückkehr ein großes

Fest. Als der ältere Bruder dies mitbekommt, bleibt er dem Fest zornig fern. Dem Vater, der ihn aufsucht, wirft er anklagend vor, dass er wegen seines heruntergekommenen jüngeren Bruders einen solchen Aufwand betreibe, wohingegen er selbst nicht einmal einen Ziegenbock zum Feiern geschenkt bekommen habe. Und dabei sei er es doch, der für ihn all die Jahre treu gearbeitet habe. Warmherzig antwortet der Vater seinem Älteren, dass sie beide doch immer zusammen seien und sein ganzer Besitz auch ihm gehöre, aber dass die Rückkehr des Bruders doch gefeiert werden müsse. Ob der ältere Sohn auf die werbende Bitte seines Vaters eingeht oder nicht, lässt die Geschichte offen (vgl. Lukas 15,11–32).

Beide Söhne suchen eine Liebe, die sie ganz erfüllt, doch sie suchen am falschen Ort. Der jüngere Sohn lässt sich zu Lebzeiten seines Vaters sein Erbe auszahlen – eine in der damaligen Kultur ungehörige Forderung. Er nimmt in Kauf, seinen Vater zutiefst zu verletzen, um in der Ferne ungebunden und ausschweifend zu leben. Er opfert also die Beziehung mit seinem Vater zugunsten seines Wunsches nach Unabhängigkeit und Autonomie.

Im Unterschied zu seinem Bruder bleibt der ältere Sohn zu Hause und tut äußerlich alles, was von einem braven Sohn erwartet wird. Aber er ist seinem Vater innerlich fern, denn er versucht, sich dessen Zuwendung und Anerkennung durch Gehorsam und Leistung zu erkaufen. Als sein auf ganzer Linie gescheiterter Bruder die Zuwendung seines Vaters bekommt, nach der er sich selbst so sehnt, brechen sich Enttäuschung, Wut, Empörung und Neid die Bahn. Sein bisheriges Lebenskonzept wird massiv in Frage gestellt und sein unbewusster Deal, sich Liebe verdienen zu wollen, kommt ans Licht.

Es könnte für ihn zur erschütternden Wende werden, die ihn entdecken lässt: »Ich habe versucht, mir ein Anrecht auf Güte und Liebe zu erarbeiten, anstatt zu realisieren, dass mein Vater mir seine Nähe und Liebe immer schon einfach so geschenkt hat.« Doch dies geht ihm nicht auf und so bleibt er verbittert und vorwurfsvoll auf Distanz.

Wenn das auf Genuss orientierte Weggehen von zu Hause und das auf Arbeit und Leistung fixierte Daheimbleiben umfassender verstanden werden, dann wird ersichtlich, dass beide Söhne in der Fremde sind: Sie sind fern von ihrem Vater. Und sie sind entfremdet von sich und der unhörbar leisen Stimme in ihrem Innern: »Es ist gut, dass es dich gibt!«

Diese wortlose Zusage zu hören und einer solch voraussetzungslosen Liebe Glauben zu schenken, fällt vermutlich keinem Menschen leicht. Denn von außen und innen drängen sich andere, laute Stimmen auf, die uns auffordern: »Geh hinaus und zeige, was du kannst.« Sie suggerieren, dass wir nur geliebt werden, wenn wir uns dies durch Anstrengung verdienen: etwa durch Leistung oder Bravsein, durch Ansehen oder selbstlosen Einsatz, durch religiösen Eifer oder größtmögliche Freundlichkeit. Solche Botschaften werden – oft unbewusst – durch Eltern, Freundinnen oder Kollegen vermittelt. Deren Empfehlungen sind häufig gut gemeint und können ein begrenzter menschlicher Ausdruck einer tiefen Liebe sein. Doch wenn sie bis an jene innere Stelle vordringen, wo wir beginnen, unser eigenes Gutsein infrage zu stellen und unseren Selbstwert in Zweifel zu ziehen, dann fangen solche Vorschläge an, unser Leben zu beherrschen. Sie entführen uns in das »ferne Land«, von dem das Gleichnis berichtet.[14]

Es ist das zentrale Anliegen Jesu, Menschen von Gottesbildern und Beziehungsmustern zu befreien, die uns von Gott, voneinander und von uns selbst entfremden. Er erzählt dieses Gleichnis, weil es ihm unendlich wichtig ist, in Absetzung von allen kleinkarierten, verzerrten *Gottesvorstellungen* zu verdeutlichen, wie Gott wirklich ist: Gott ist kein Patriarch, der in seinem Lehnsessel sitzt und darauf wartet, dass seine Kinder auf Knien zu ihm rutschen und um Vergebung bitten. Vielmehr rennt er ihnen, außer sich vor Freude, entgegen oder geht ihnen an den Ort ihrer trotzigen Verschlossenheit nach. Ist jemand schuldig geworden, wartet Gott nicht auf Schuldbekenntnis, Reue oder Wiedergutmachung, sondern er ist innerlich immer schon versöhnt und hofft, dass ihm Glauben geschenkt wird. Gott *kann* nicht vergeben, sondern er *ist* Vergebung. Man könnte auch sagen: Gott *wird* nicht versöhnt; er *ist* versöhnt. Gerade angesichts solch absichtsloser Güte gehen einem die eigenen verborgenen Absichten erst in ihrer Tiefe auf. Jetzt haben wir die Freiheit, unsere Schwächen zu sehen, begangene Schuld zu bekennen und zu einem liebesfähigeren Menschen zu werden.

Dies ist ähnlich wie in einer Freundschaft: Je mehr ich mich von jemandem wahrgenommen erfahre und bejaht glaube, umso mehr wird es mir möglich, die idealisierenden Phantombilder meiner selbst abzulegen. Ich kann mich als die Person zeigen, die ich bin: sowohl mit meiner Größe, Schönheit und Kraft als auch mit meiner Schwäche, Kleinheit und Schuld. Je mehr mir echte, freilassende Liebe geschenkt wird, desto deutlicher gehen mir auch meine besitzergreifenden und selbstsichernden Tendenzen auf. Ein gütiger Blick verhilft zu ehrlicher Selbsterkenntnis. Ein fehlerorientierter, anklagender Blick hingegen führt unter der Maske äußerer Korrektheit oft zu Ängstlichkeit, Selbstablehnung und Beziehungskälte.

In der Regel braucht es viele kleine Schritte, bis zwischen zwei Menschen eine solch vertrauensvolle Offenheit und Annahme möglich werden. Auch will eine solche Beziehung aufmerksam gepflegt werden. Ähnlich ist es im Glauben: Die intime und fundamentale Erfahrung, bedingungslos willkommen zu sein, ereignet sich nicht im Schnellverfahren. Wenn sich das »Wissen« um die Güte Gottes auf dem Niveau grauer Theorie bewegt, dann wird es nichts bewegen. Vielmehr braucht es den Einsatz unserer ganzen Person, damit eine tragfähige Gottesbeziehung heranwächst. Denn allein in dem Maß, in dem wir uns an Gott halten, werden wir erfahren, dass Gott innerer Halt sein kann. Nur so weit wir uns auf Gott verlassen, können wir auch dessen Verlässlichkeit erfahren.

Vielleicht setzt bei Ihnen an diesem Punkt ein großes Aber ein: »Das klingt ja alles gut und schön, aber eine solch bedingungslose göttliche Liebe habe ich noch nicht erfahren! Ähnelt Gott nicht vielmehr einem Buchhalter, der kleinlich Plus und Minus notiert und am Ende die dicke Rechnung präsentiert? Muss man ihn nicht gnädig stimmen und seine Vergebung verdienen, wie es auch einige Bibeltexte und manche kirchliche Verkündigung nahelegen?«

Ob der Glaube wie ein Hemmschuh auf dem Weg der inneren Aussöhnung wirkt und gar in Sackgassen führt oder ob er den Schritten weiten Raum gibt (vgl. Psalm 103), hängt zum einen von der Bedeutung ab, die der Glaube im eigenen Leben *tatsächlich* hat. Zum anderen spielt das eigene (unbewusste) Gottesbild eine große Rolle.

Krankmachende Gottesbilder

Glauben hat viele Wurzeln. Daher hat auch das Göttliche viele Gesichter. Entwicklungspsychologisch betrachtet wurzelt das Gottesbild vor allem in positiven und negativen Grunderfahrungen, die mit den Bezugspersonen aus der Kindheit gemacht wurden. Hierbei können verzerrte, ja bisweilen fürchterliche Gottesvorstellungen entstehen, die einen auch noch als Erwachsenen bewusst oder unbewusst beeinträchtigen. So rücken manche Gott in die Nähe eines unberechenbaren oder zornigen Übervaters, dem sie es nie recht machen können. Um nicht anzuecken und keine Angriffsfläche zu bieten, versuchen sie, sich durch Perfektionismus abzusichern. Wenn dann noch das Umfeld negative Gefühle wie Wut, Zorn oder Rachewünsche als Sünde verurteilt, liegt es nahe, dass diese schnellstmöglich verdrängt werden. Dies kann Glaubende zu einer seelischen Selbstamputation führen: Sie schneiden normale, gesunde Empfindungen, die für den Heilungsweg nach einer erlittenen Kränkung wichtig sind, im Namen des Glaubens ab. In einer heroischen Willensanstrengung entschließen sie sich zu vergeben, doch die verletzten Gefühle und Gedanken bleiben in Aufruhr. In der Folge kommt es häufig zu Selbstvorwürfen, nicht vergeben zu können und dem höchstrichterlichen Anspruch nicht zu genügen. Derartige Selbstanklagen greifen wie ein Gift das eigene, labile Selbstwertgefühl an. Durch eine solche »Gottesvergiftung« (Tilman Moser) kann eine erlittene Kränkung chronisch werden und in menschlich-spirituelle Sackgassen führen.

Manche Glaubende fühlen sich in der Rolle von Schuldnern, die meinen, Gott Dankbarkeit oder auch Wiedergutmachung für ihre Fehltritte zu schulden. Sie können nicht an das »Gratis«, an die Gnade (lat.: gratia) glauben, sondern sind überzeugt: »Nichts ist kostenlos! In dieser Welt wird einem nichts geschenkt, sondern irgendwann muss ich für alles centgenau bezahlen.« Letztlich ist ein solches Menschen- und Gottesbild eine angsteinflößende Fratze von knechtender Herrschaft. Eine solche Tyrannei kann sich auch unter dem Deckmantel von scheinbar liebevoller Vergebung verbergen: dann nämlich, wenn die Vergebung dem Gesetz von »oben-unten« verhaftet bleibt und die empfangende Person demütigt und herabsetzt. Der Verdacht liegt hier nahe, dass der Glaube den Menschen klein hält und Gott den Menschen braucht, um sich groß zu machen.

All das sind Gottesbilder, die nicht einfach vom Himmel gefallen sind, sondern in ihnen spiegeln sich leidvolle Erfahrungen der Menschen untereinander und mit sich selbst wider. Solche Projektionen können eine quasigöttliche Macht über unser Leben bekommen. Verstärkt wird diese Sakralisierung menschlicher Macht- und Leiderfahrung bisweilen durch die kirchliche Verkündigung. Die freigiebige, alle und jeden einbeziehende Güte Gottes wird verzerrt zu einem bewertenden und ausgrenzenden Gnadensystem, das mit Kategorien von Würdigkeit und Leistung rechnet. Es gibt auch säkularisierte Formen solcher Gottesbilder, beispielsweise die »Götzen« der Leistung, nach welcher Menschen gemessen werden, oder der Gewinnmaximierung.

Wenn wir solche »dämonischen« Gottesbilder in unserem inneren Tempel entdecken, dann tun wir gut daran, eine Tempelreinigung vorzunehmen. Lebenshinderlichen Götzen dürfen wir nicht glauben. Wir sollten sie entsorgen – und damit frei werden von falschen Sorgen.

Bilanz

schon eine halbe Ewigkeit
hat der Buchhalter-Engel
alles Negative notiert
jede Verfehlung festgehalten

jetzt aber schielt er
ungläubig durch die Lesebrille
unter den goldenen Locken
der Stirn strenge Falten

kratzt sich mit der Flügelspitze
hinterm rechten Ohr
wo ist der Rechenfehler
woher kommt nur am Ende das Plus

es ist ein Kreuz
sagt ER beruhigend
und lächelt
eine ganze Ewigkeit

(Andreas Knapp) [15]

Erfahrenes weitergeben

Niemand hat in so radikaler Form auf der Notwendigkeit bestanden, eine Mentalität des Vergebens zu entwickeln, wie Jesus. Immer wieder fordert er auf, dem Mitmenschen gütig seine Schuld zu erlassen – und zwar dank der zuvor selbst empfangenen Güte. *Empfangen und Tun, Gabe und Aufgabe* gehören zusammen. Dies bringt eine vielfach missverstandene Erzählung Jesu auf den Punkt:

Ein Diener hat bei seinem König horrend hohe Schulden. Als dieser seine Schulden eintreiben will, fleht der Diener um Aufschub, bis er ihm alles zurückzahlen könne. Der König geht darauf ein, ja mehr noch: Er erlässt dem Diener alle Schulden. Als diesem ein anderer Knecht über den Weg läuft, der mit ihm gemeinsam im Dienst des Königs steht und ihm einen vergleichsweise kleinen Betrag schuldet, zeigt er jedoch keine Großzügigkeit. Vielmehr lässt er ihn in den Kerker werfen, bis er ihm seine Schulden bezahlt habe. Als der König davon hört, lässt er den Diener aus Zorn über dessen Unbarmherzigkeit ebenfalls ins Gefängnis werfen, so lange, bis er die ganze Schuld beglichen habe. Und das Gleichnis schließt mit den Worten: Ebenso wird mein himmlischer Vater jeden von euch behandeln, der seinem Bruder nicht von ganzem Herzen vergibt (vgl. Matthäus 18,21–35).

Diese Geschichte legt bei einer oberflächlichen Lesart nahe, dass der göttliche Schuldenerlass doch an strikte Vorgaben gebunden ist. Der Schuldenschnitt wird erst dann gewährt, wenn wir unseren Mitmenschen ihre Schuld erlassen (vgl. auch Matthäus 6,14f.). Ein solch bedingter Schuldenerlass ist zwar in der Wirtschaft hinlänglich bekannt, doch er entspricht nicht der Art Gottes.

Aber worauf will Jesus mit diesem Gleichnis dann aufmerksam machen?

Zuallererst verdeutlicht die Geschichte: Gott ergreift die Initiative und erlässt *gratis* die Schuldenlast. Und genau das ist die Erfahrung, die uns so tiefgreifend verwandeln kann. Zugleich wird mit dieser zuvorkommenden Großzügigkeit auch der *»gute Grund«* aufgezeigt, in dem unsere eigene Bereitschaft und Fähigkeit zu verzeihen wurzeln kann: Wenn wir uns dem Strom der göttlichen Güte öffnen und uns bis in unsere wunden Punkte und Dunkelheiten hinein lieben lassen, dann fließt dieser heilende Energiestrom nicht nur in uns hinein. Vielmehr will und soll er auch überfließen und zu anderen weitergeleitet werden. Entsprechend erweist sich im konkreten *Umgang mit dem Mitmenschen,* wes Geistes Kind wir sind: Ob wir in der Tiefe wirklich und tatsächlich mit dem göttlichen Lebensstrom in Kontakt gekommen sind.

Im Gleichnis zeigt der privilegierte Schuldner keine Großzügigkeit. Die erfahrene Güte hat ihn nicht verwandelt. Er lässt sich durch den Erlass seiner immensen Schulden nicht beeinflussen. Darum ist er seinem Kollegen gegenüber nicht zu einer entsprechenden Geste der Güte fähig oder willens. Mit seiner Erzählung verdeutlicht Jesus einen wesentlichen Zusammenhang: Wie wir uns anderen Menschen gegenüber verhalten, die uns verletzt haben oder uns etwas schulden, zeigt, ob wir uns von der Großzügigkeit Gottes tatsächlich haben berühren lassen. Hat die geschenkte Vergebung auf uns abgefärbt, hat sie uns verwandelt und geprägt? Wie tief wir die Güte Gottes glaubend angenommen haben, spiegelt sich also darin, wie gütig wir unserem Nächsten begegnen können.

Der genannte Zusammenhang verdeutlicht schließlich

auch die *Würde und den Ernst der menschlichen Freiheit.* Wir können uns der Liebe gegenüber verschließen. Gott deckt unsere Unversöhnlichkeit nicht einfach mit einem Mantel der Barmherzigkeit zu, sondern er orientiert sich an unserem Verhalten. Er hat einen Heidenrespekt vor unserer Freiheit, denn erst diese macht uns zur Freundschaft und Liebe fähig.

Leben ohne Drachenblut

»Erfolg ist alles! Bring deine Stärken ins Spiel und radiere jede Schwäche aus, denn Aufsteiger und Sieger haben das Sagen!« Dieses Bewusstsein prägt nicht erst die gesellschaftliche Atmosphäre unserer Tage. Es ist vielmehr ein uralter Traum, unverwundbar zu sein. Zahlreiche Mythen und Märchen handeln von Siegertypen und unschlagbaren Helden.

Die Nibelungensage erzählt von Siegfried, dem Sohn eines mächtigen Königs, der schön, kraftvoll und mutig war. Ein Kampf mit einem bedrohlichen Drachen, in den er verwickelt wurde, sollte ihn tödlich zu Fall bringen. Doch Siegfried verwandelte das, was ihn vernichten sollte, in einen Sieg: Er erschlug den Lindwurm und badete in dessen Blut. Dadurch wurde seine Haut zu festem Horn, das von keiner Lanze mehr durchdrungen werden konnte. Siegfried war – bis auf eine Stelle, die ihm später zum Verhängnis werden sollte – unverwundbar geworden und gewann alle Kämpfe. Ein Traum von einem Menschen!

Den Menschen Jesus schützt keine Drachenhaut, sondern er hat den Mut, seine Haut zu Markte zu tragen. Er ist berührbar und damit auch verwundbar. Er schlägt seine Gegner nicht zu Boden, sondern hebt die Logik von oben und unten, von Sieger und Besiegten, von Gewalt und Gegengewalt auf. Nicht die Unverwundbarkeit, sondern seine Liebesfähigkeit ist die Signatur seiner Menschlichkeit. Ein Traum von einem Menschen!

Unbeirrbar bleibt Jesus sich selbst treu: Trotz größter Bemühungen muss er enttäuscht erleben, dass seine Zeitgenossen sich nicht zur Freundschaft mit Gott einladen lassen, sondern seine Botschaft ablehnen. Mit seinen Jüngern feiert er ein Abschiedsmahl. Er ahnt, dass er als Bote der bedingungslosen, göttlichen Liebe einen hohen Preis zahlen muss. Er könnte fliehen, doch er ist bereit, zum Zeugen einer Liebe zu werden, die das eigene Leben preisgibt für die Freunde. Wenig später schon wird Jesus vor das Gericht der geistlichen und weltlichen Obrigkeit gestellt. Er lässt die ungerechtfertigte Aggression bis zum Äußersten an sich geschehen – und gibt sie nicht weiter, in der Hoffnung, dass sie sich tot läuft. Er hält die Wucht des Schlages aus, ohne an einen Gegenschlag zu denken. Er stellt sich der Gewalt entgegen, ohne im Gegenzug nach Mitteln der Gewalt zu greifen. Nur so werden die »normalen« Verhaltensmuster durchbrochen, die wiederum Gegengewalt auslösen. Ans Kreuz genagelt betet Jesus schließlich noch für die, die ihn verfolgen: »Vater, vergib ihnen, denn sie wissen nicht, was sie tun« (Lukas 23,34). Er leistet dem Hass Widerstand, ohne selbst zu einem hassenden Menschen zu werden. Er lässt sich nicht in die Spirale des Hasses hineinziehen, sondern bleibt der Achtung, die er gegenüber allen Menschen gepredigt hat, treu bis zuletzt. Damit eröffnet er einen Weg, der aus der

Endlosschleife von Gewalt und Gegengewalt herausführt. Das langsame und qualvolle Sterben am Kreuz gehört zu den schrecklichsten Todesarten, die sich die perverse Fantasie der Menschen ausgedacht hat. Nach römischem Recht dürfen nur Ausländer und Sklaven zu dieser Tortur verurteilt werden. So wird Jesus nun nackt an ein Kreuz genagelt. Für seine jüdischen Glaubensgenossen gilt er deshalb als ein von Gott Verfluchter (vgl. Deuteronomium 21,23). Doch er flucht weder seinem Gott noch den Folterknechten. Er hofft, dass Gott dafür sorgen wird, dass nicht der Tod, sondern das Leben das letzte Wort hat. Wiewohl abgrundtief verwundet, bewahrt er sich sein inneres Vertrauen in die Kraft der Liebe durch allen Schmerz, durch Verrat und Enttäuschung hindurch. Es ist diese absolute Liebe, die ihn selbst die letzte tödliche Wunde noch überwinden lässt – und die sein Leben und seine Botschaft von Gott beglaubigt.

Im Johannesevangelium wird erzählt, dass sich die Jünger, geschockt vom gewaltsamen Tod Jesu, vor Angst eingeschlossen hatten. Der vom Tod Auferstandene aber findet trotz der verrammelten Türen einen Zugang in ihre Mitte und sagt: »Friede sei mit euch!« Dann zeigt er ihnen seine Hände und seine Seite und wünscht ihnen erneut Frieden (vgl. Johannes 20,19–21). Das ist Auferstehung vom Tod: Jesus kann seine Wunden und Verletzungen zeigen und zugleich ein Wort der Versöhnung sagen. Er macht seinen Jüngern, die durch Feigheit und Verrat an seinem Todesschicksal nicht ganz unbeteiligt gewesen sind, keine Vorhaltungen. Er sucht weder Mitleid noch will er als Opfer der Gewalt bedauert werden. All dies wären sinnlose Muster des Todes. Jesus ist auferstanden aus den todbringenden Kreisläufen von Schuldzuweisung und Rache, von verletzender Gewalt und Gegengewalt. Und seine Lebenshaltung von Vergebung und versöhnender Annahme kann und soll von allen, die an ihn glauben, übernommen werden (vgl. Johannes 20,22f.).

Im Nibelungenheld Siegfried und in Jesus von Nazaret begegnen uns zwei gegensätzliche Bilder, Mensch zu sein. Es ist unserer Freiheit überlassen, zwischen den verschiedenen Vorstellungen und Zielbildern menschlicher Größe zu wählen – gerade auch im Umgang mit einer tiefen Kränkung. Zweifelsohne schulden wir es unserer Verletzbarkeit und Selbstachtung, dass wir uns schützen und für uns einstehen. Doch wenn wir die »Zentralverriegelung Angst« dauerhaft aktivieren, schieben wir allen tieferen Beziehungen einen Riegel vor und werden unzugänglich für andere. Wenn wir uns einen wehrhaften Panzer aus Stärke und Überlegenheit zulegen und mit diesem wie mit einer zweiten Haut verwachsen, dann sind wir nicht mehr verletzbar. Wir sind dann allerdings auch nicht mehr berührbar von der Liebe oder der Not eines anderen. Wir fügen uns und anderen großen Schmerz zu, wenn wir – aufgrund von Enttäuschungen »erwachsen« geworden – es aufgeben, das Wagnis neuen Vertrauens einzugehen.

Es zeigt sich: Die Herausforderung, die eine Kränkung mit sich bringt, verweist auf eine grundlegende Aufgabe, die das Leben uns stellt. Das Leben nötigt uns zu lernen, mit Niederlagen und Verwundungen umzugehen und die eigene Verwundbarkeit und Schwäche anzunehmen. Dies gelingt in dem Maß, in dem wir uns angenommen wissen: Wo wir erfahren, dass zu uns Ja gesagt wird auch dort, wo wir selbst oder andere uns ablehnen; wo wir spüren, dass wir uns schwach zeigen können, ohne dadurch beim anderen triumphierende Stärke zu provozieren. Eine solche Liebe erlöst uns von dem angstbesetzten Gefühl, nichts wert zu sein. Sie mindert jene Angst, die uns oft so leicht kränkbar macht und unversöhnlich stimmt. Diese Liebe befreit und erlöst.

Doch was verwandelt uns hin zu einem Leben, das auf Liebe gründet? Was oder wer ruft uns über uns hinaus und lockt uns, für Größeres zu leben als für das eigene Ich? Hier gibt es so viele Wege wie Menschen. Der Schrei nach Gerechtigkeit, die Geburt eines Kindes, der bittende Blick eines anderen, die vertraute Melodie eines alten Lieblingssongs, der Geruch eines geliebten Menschen, Schönheit, die sprachlos macht ... – all das kann uns über uns selbst hinausführen. Große Liebe und tiefes Leiden sind in besonderer Weise dazu angetan, dass wir uns über das eigene Ich hinausrufen lassen und uns einem Größeren anvertrauen.

Für unseren Weg der Vergebung bedeutet dies: In einer Kränkung liegt die Chance, menschlich-spirituell zu wachsen. Natürlich kann sie uns in die entgegengesetzte Richtung führen und uns bitter, verschlossen oder hart werden lassen. Eine erlittene Verletzung vermag uns aber auch mitfühlend, offen und weise zu machen. Wenn wir Zurückweisung oder Verrat erleben oder unter Ungerechtigkeit und Gewalt leiden; wenn uns idealisierende Selbstbilder und überfordernde Erwartungen an andere bewusst werden; wenn wir mit unserem Schatten ringen und unsere Ohnmacht eingestehen, nicht vergeben zu können; wenn wir unserer inneren Armut und Widersprüchlichkeit begegnen, aber auch unserer Kraft und grenzenlosen Sehnsucht, zu lieben und geliebt zu werden – dann kann uns all dies offen und empfänglich machen für die geheimnisvolle Gegenwart Gottes, die uns immer schon umgibt und von innen her belebt. Eine Kränkung und der Weg der Vergebung können für uns zum Sprungbrett werden, um in den Strom der göttlichen Liebe einzutauchen und uns ihr zu überlassen. Sie ist die größte Kraft, die zur inneren Verwandlung von uns selbst und zu einer menschlicheren Gestaltung unserer Welt beiträgt.

Tagebucheintrag

Im vergangenen Frühjahr hatte ich einen Traum. Ich befand mich auf dem Friedhof meiner Heimatgemeinde. Es war stockfinstere Nacht. Ich lief durch die Gräberreihen und wollte ein paar Freunde einholen, die vor mir gingen. Aber der Abstand zwischen ihnen und mir wurde immer größer. Da bemerkte ich, dass ich deshalb so langsam war, weil ich eine große marmorne Büste mit mir schleppte. Mit dieser Last konnte ich die anderen nicht mehr einholen. Ich hielt kurz inne und drehte mich dann herum, um ein Stück zurückzugehen und die Statue auf das Grab zu stellen, auf das sie gehörte. Als ich die Büste abgestellt hatte, war ich so erleichtert, dass ich die anderen spielend einholen konnte. Als ich ihre Stimmen hörte, stellte ich fest, dass sie von der Osternachtfeier redeten. In diesem Augenblick wurde es im Osten hell. Wir liefen auf das rote Leuchten des Himmels zu und die Vögel begannen zu singen. Und auf einmal war der ganze Friedhof voller Gesang.

Liebe erlöst

Danksagung

Ich möchte Dr. Bernhard Bürgler SJ, Hannelore Croste-witz, Ingrid Dullnig SDS, Dr. Andreas Knapp, Josef Mau-reder SJ, Romed Neurohr und Prof. Dr. Tatjana Schnelle für viele wertvolle Hinweise danken. Dr. Gerhard Hackl und Dr. Georg Schmit haben mir durch ihre Gastfreund-schaft ermöglicht, an diesem Buch in Ruhe zu arbeiten. Und ein großer Dank gilt schließlich meinem Lektor Dr. Ulrich Sander für die anregende Zusammenarbeit.

Anmerkungen

[1] Vgl. die Studien von *Robert D. Enright,* etwa: ders., Vergebung als Chance. Neuen Mut fürs Leben finden, Huber Verlag 2006, 132ff. Dort auch Hinweise auf andere Studien.

[2] *Walter Kohl,* Leben oder gelebt werden. Schritte auf dem Weg der Versöhnung, Integral Verlag ⁴2011, 18. Zum Folgenden vgl. S. 233, 199.

[3] Aus: *Hilde Domin,* Wen es trifft, in: dies., Gesammelte Gedichte, Fischer Verlag 1987, 105.

[4] Die Dinge haben ihre Sprache. Interview mit Joseph Beuys, in: Süddeutsche Zeitung 26. Januar 1980.

[5] Vgl. *Beate M. Weingardt,* Das verzeih ich dir nie. Kränkungen überwinden, Beziehungen erneuern, SCM Verlag 2006, 79f.

[6] *Jean Monbourquette,* Vergeben lernen in zwölf Schritten, Grünewald Verlag 2010, 85.

[7] Zitiert in: *Reinhold J. Haskamp,* Ich schäme mich. Ein Plädoyer gegen die Unverschämtheit, Echter Verlag 1989, 17.

[8] Martin Luther King, zitiert nach: *Robert D. Enright,* Vergebung als Chance, a.a.O., 133.

[9] *Walter Kohl,* Leben oder gelebt werden, a.a.O., 195f.

[10] Zitiert nach: *Peter Koslowski,* Die postmoderne Kultur. Gesellschaftlich-kulturelle Konsequenzen der technischen Entwicklung, Beck Verlag 1987, 84.

[11] Zitiert nach: *Konrad Stauss,* Die heilende Kraft der Verge-bung. Die sieben Phasen spirituell-therapeutischer Ver-gebungs- und Versöhnungsarbeit, Kösel Verlag 2010, 85.

[12] Vgl. dazu u.a. *René Girard,* Das Heilige und die Gewalt, Düsseldorf 1994; *Andreas Knapp / Melanie Wolfers,* Glau-be, der nach Freiheit schmeckt. Eine Einladung an Zweifler und Skeptiker, Herder Verlag ²2013.

[13] Zu dem gesamten Kapitel vgl. *Andreas Knapp / Melanie Wolfers,* Glaube der nach Freiheit schmeckt, a.a.O., 169 –214.

[14] Zu diesem Abschnitt vgl. *Henri J. M. Nouwen,* Nimm sein Bild in dein Herz. Geistliche Deutung eines Ge-mäldes von Rembrandt, Herder Verlag 1991.

[15] *Andreas Knapp,* Höher als der Himmel. Göttliche Ge-dichte, Echter Verlag 2010, 47.

Verwendete Literatur in Auswahl

Robert D. Enright, Vergebung als Chance. Neuen Mut fürs Leben finden, Huber Verlag 2006.

Andreas Knapp / Melanie Wolfers, Glaube, der nach Freiheit schmeckt. Eine Einladung an Zweifler und Skeptiker, Herder Verlag [3]2013.

Walter Kohl, Leben oder gelebt werden. Schritte auf dem Weg der Versöhnung, Integral Verlag [4]2011.

Jean Monbourquette, Vergeben lernen in zwölf Schritten, Grünewald Verlag 2010.

Konrad Stauss, Die heilende Kraft der Vergebung. Die sieben Phasen spirituelltherapeutischer Vergebungs- und Versöhnungsarbeit, Kösel Verlag 2010.

Bärbel Wardetzki, Nimm's bitte nicht persönlich. Der gelassene Umgang mit Kränkungen, Kösel Verlag 2012.

Beate M. Weingardt, Das verzeih ich dir nie. Kränkungen überwinden, Beziehungen erneuern, SCM Verlag 2006.

Zur inneren Aussöhnung und einem Leben in Freundschaft mit sich selbst siehe auch:
Melanie Wolfers, Freunde für Leben. Von der Kunst, mit sich selbst befreundet zu sein, adeo-Verlag [4]2017.
Wenn wir Freundschaft mit uns selbst schließen, werden wir heimisch in unserem Leben. Dann können wir unsere Stärken ins Spiel bringen und uns Fehler und Schwächen eingestehen, ohne uns dabei schlecht zu fühlen. Und erst dann können wir auch mit den dunklen Kapiteln unserer Vergangenheit Frieden schließen.

Zur Autorin

Dr. Melanie Wolfers, geboren 1971 in Flensburg, Studium der Theologie und Philosophie in Freiburg und München, Promotion in theologischer Ethik. Nach ihrer Tätigkeit als Dozentin für Philosophie arbeitete Melanie Wolfers in der Hochschulseelsorge in München. Im Jahr 2004 trat sie in die internationale Ordensgemeinschaft der Salvatorianerinnen in Österreich ein. Seit 2007 lebt sie in Wien, leitet IM*puls*LEBEN, ein Projekt für junge Erwachsene, das Angebote zur Vermittlung von christlicher Spiritualität und sozialer Verantwortung macht. Sie ist Autorin höchst erfolgreicher Bücher und gefragte Referentin.

www.melaniewolfers.de, www.impulsleben.at, www.salvatorianerinnen.at, facebook.com/MelanieWolfersAutorin

Zusammen mit Andreas Knapp hat sie das Buch *Glaube, der nach Freiheit schmeckt. Eine Einladung an Zweifler und Skeptiker* verfasst (Herder spektrum Taschenbuch 6310, ³2011). Werner Tiki Küstenmacher schreibt dazu: »Durch dieses Buch weht ein Wind, der mich umgehauen hat.«